Frederik Bernt wurde 1986 in Hameln (Niedersachsen) geboren. 2006 begann er das Studium Lehramt an Gymnasien an der Philipps-Universität Marburg mit den Fächern Deutsch und Geschichte. Seit Frühjahr 2012 ist er Lehrer im Vorbereitungsdienst in Bremen.

Christian Poremba wurde 1985 in Fulda (Hessen) geboren. 2006 begann er das Studium Lehramt an Gymnasien an der Philipps-Universität Marburg mit den Fächern Deutsch, Geschichte und Geographie.

Eva-Maria Stock wurde 1986 in Lauterbach (Hessen) geboren. 2006 begann sie das Studium Lehramt an Gymnasien an der Philipps-Universität Marburg mit den Fächern Deutsch, Geschichte und Latein. Seit Frühjahr 2012 ist sie Lehrerin im Vorbereitungsdienst in Fulda.

Frederik Bernt – Christian Poremba – Eva-Maria Stock

Attentäter-Romane als reale Fiktion

Terrorismus aus einem anderen Blick

Eine Analyse der Romane von

Christoph Peters: Ein Zimmer im Haus des Krieges

Yasmina Khadra: Die Attentäterin

John Updike: Terrorist

Marburg 2012

www.tredition.de

Impressum

© 2012 Frederik Bernt, Christian Poremba und Eva-Maria Stock

Verlag: tredition GmbH, Hamburg
ISBN 978-3-8491-1679-8
Printed in Germany

Bibliografische Information der Deutschen Nationalbibliothek:
Die Deutsche Nationalbibliothek verzeichnet diese Publikation in der Deutschen Nationalbibliografie; detaillierte bibliografische Daten sind im Internet über http://dnb.d-nb.de abrufbar.

» Libenter homines id, quod volunt, credunt. «

Gerne glauben die Menschen das, was sie wollen.

De bello Gallico 3, 18, 6.

Inhaltsverzeichnis

1. Einleitung

Viele Autoren[1] bedienen sich der Literatur als Medium, um einen Verarbeitungsprozess politischer Brennpunkte in Gang zu setzen, um sie zu beleuchten und sie zu diskutieren – die Realität wird mit Fiktion verarbeitet. Dabei scheint es oft so, dass Zeit und Distanz, oftmals Jahre, nötig sind, um sich einem Thema von mehreren Blickwinkeln intensiver widmen zu können. Die unvorhersehbaren Ereignisse des 11. Septembers 2001 haben die westliche Welt paralysiert, viele Fragen aufgeworfen und den Islamismus und Fundamentalismus in den Fokus vieler Betrachtungen gerückt. Erst rund fünf Jahre später scheint es so, als seien Autoren in der Lage, dem Bedürfnis nach Auseinandersetzung mit diesem Datum durch lange Recherche und Überlegung nachzukommen. Mit literarischer Zeitverzögerung entstand nach den Terroranschlägen von 2001 mit dem Attentäter-Roman oder „Terroristen-Roman"[2] eine neue Umsetzung des thematischen Romans, Literaturwissenschaftler und Feuilletonredakteure wie Julia Encke sprechen sogar von einem „neuen Genre".[3] Die Perspektive der Autoren habe sich verändert, so Hubert Spiegel. Die anfängliche Behandlung des Terrors in der Literatur richtete sich nach den Opfern von Anschlägen, dem Ausmaß der Zerstörung und dem Sensationseffekt. Die neue Literaturgattung betreibe Ursachenforschung, versuche psychologische Entwicklungen zu

---

[1] Aus Gründen der besseren Lesbarkeit wird im Fließtext die männliche oder die weibliche Form verwendet. Darin ist das jeweils andere Geschlecht mit einbezogen.

[2] Vgl. Encke, Julia: Neues Roman-Genre. John Updike im Kopf eines Verführten: „Terrorist". In: Frankfurter Allgemeine Zeitung vom 27.08.2006. URL: http://www.faz.net/-00myg0 (Zugriff: 13.12.2011).

[3] Vgl. ebd.

skizzieren und die Attentäter zu verstehen.[4] Werke wie John Updikes *„Terrorist"* (2006), Christoph Peters *„Ein Zimmer im Haus des Krieges"* (2006) und Yasmina Khadras *„Die Attentäterin"* (2005) beschreiben dagegen den Terrorismus aus einem anderen Blick: aus der Sicht des Attentäters.

„[Die Literatur] will wissen, wer die Menschen sind, die für ihre Überzeugungen Unbeteiligte töten, die ihr Leben daransetzen, möglichst viele Unschuldige auf möglichst aufsehenerregende Weise zu töten, die den Westen verteufeln und sich gleichwohl dessen modernster technischer Errungenschaften bedienen, um mit neuester Technologie die archaischen Werte und Standpunkte zu vertreten."[5]

Das legitime Lesebedürfnis nach Information, Aktion und Unterhaltung wird mit brisanten Gegenwartsthemen verknüpft, dies hat die Gattung *Attentäter-Roman* mit anderen gemeinsam. An die Stelle des antagonistischen Ausgrenzungsdiskurses tritt jedoch ein Gegenmodell, die Hermeneutik des kulturellen Fremdverstehens.[6] Ein Versuch, der in manchen Romanen seine Grenzen erfährt.

Die vorliegende Publikation beschäftigt sich im Kern mit den drei genannten Romanen von John Updike, Christoph Peters und Yasmina Khadra, da sie unterschiedliche Perspektiven auf das Attentat und den islamistischen Terror aus Sicht

---

[4] Spiegel, Hubert: „Du danke Gott, wenn er dich preßt". In: Frankfurter Allgemeine Zeitung vom 4.10.2006. URL: http://www.faz.net/-00r710 (Zugriff: 13.12.2011).

[5] Ebd.

[6] Vgl. Kaulen, Heinrich: „Heilige Krieger". Fundamentalistische Gewalt im Spiegel der Gegenwartsliteratur. Seminar WS 2010/11.

der USA, Deutschland und der arabischen Welt einnehmen. Um einen Rahmen für das Verständnis der Thematik abzustecken, werden den Werksanalysen der Romane wesentliche historische und begriffliche Aspekte als Basis für das Verständnis vorangestellt. Hierbei sollen zunächst Definitionen zu „Attentäter und Attentat" und „Krieg und Gewalt" erarbeitet werden, um dann die Ideologie des Islamismus zu beleuchten, die in den Büchern immer wieder thematisiert wird. Ein eigenes Kapitel beschäftigt sich hierbei auch mit der RAF (Rote Armee Fraktion), einer linksextremistischen, terroristischen Vereinigung, die vorrangig in den 70er Jahren die Gesellschaft Deutschlands in Atem hielt und Erwähnung bei Christoph Peters findet.

Den Hauptteil der Ausarbeitung nimmt die Betrachtung der drei Romane ein. Die Werke werden jedes für sich analysiert um ihre individuellen Strukturen herauszuarbeiten, bevor sie in einem vergleichenden Fazit gegenübergestellt werden. Die von uns gewählten Romane können dabei nicht nur auf die unterschiedlichen literarischen Traditionen und politischen Einflüsse hin, die ihre Entstehung begleiteten, untersucht werden. Sie bieten uns darüber hinaus neue Ansätze, den Terror seit dem 11.9.2001 besser zu verstehen und eignen sich aufgrund ihrer unterschiedlichen Sichtweisen auf Attentate hervorragend als Diskussionsgrundlage. Für jede Romananalyse wurden ähnliche Kapitelstrukturen gewählt, um eine gute Übersicht zu gewährleisten. Zunächst wird ein kurzer Überblick über die Biographie des Autors gegeben, worauf eine inhaltliche Zusammenfassung des jeweiligen Romans folgt. Es werden dann das Attentäterbild und der Charakter der Figur herausgearbeitet, die psychische Entwicklung skizziert und die Fremdwahrnehmung durch die Umwelt analysiert. Gestützt auf die gewonnenen Erkenntnisse soll dann der Frage nachgegangen werden, ob und inwieweit der jeweilige Charakter ein typischer Attentäter war bzw. ist. Zu Updike und Peters gibt es noch heute eine Vielzahl an Reaktionen und Rezensionen, die anschließend kurz dargestellt werden. Sie geben einen durchaus kritischen Beitrag in Bezug auf die Darstellung des Attentäters im Urteil der Leser und der Fachwelt wieder. Die drei Romananalysen enden mit einem Zwischenfazit. Ein abschließendes Gesamtfazit greift die gewonnenen Erkenntnisse über die Werke auf, stellt sie vergleichend gegenüber und zeigt Differenzen sowie Parallelen auf.

Das die Publikation abschließende Kapitel nimmt die eingangs gestellte These von Julia Encke wieder in den Fokus und setzt sich mit dieser auseinander: Sind die Attentäter-Romane seit 2001 wirklich ein neues Roman-Genre? Zur Beantwortung dieser Frage werden die gewonnenen Kenntnisse aus den einzelnen Kapiteln herangezogen und diskutiert.

2.   Attentäter und Attentat, Krieg und Gewalt

2.1.   *Der Versuch einer begrifflichen Definition*

Um sich konstruktiv mit den unterschiedlichen Attentätern bzw. Attentäter-Bildern, die uns in verschiedenen fiktionalen Werken präsentiert werden, beschäftigen zu können, muss zunächst eine Definition versucht werden: Was ist das eigentlich, ein Attentat? In der westlichen Welt wird zwar häufig über Attentate (u.a. in den Medien) berichtet und der Begriff des Selbstmordattentäters wird inflationär benutzt, doch herrscht keine eindeutige Klarheit über die benutzten Schlagwörter und ihre Bedeutung: Woher kommt der Begriff des Attentäters? Welche Voraussetzungen müssen erfüllt sein, damit wir von einem Attentäter sprechen?

Vom spätlateinischen Wort *attentatio*[7] abgeleitet, meint der Begriff *Attentat* eine Verletzung des Rechts, wobei ein Überraschungsmoment eine Rolle spielt. Im heutigen Zusammenhang ist es „*[...] der von Einzelnen oder Verschwörergruppen mit geringen Mitteln unternommene, durch Geheimhaltung, List und Überraschung aussichtsreiche und dennoch unkalkulierbare Anschlag auf eine führende Persönlichkeit oder eine Versammlung, auf ein repräsentatives Bauwerk oder Fahrzeug, meist mit Tötungsabsicht, selten ohne Todesfolge. Das Motiv ist gewöhnlich im weiteren Sinne politisch, bisweilen Ruhmsucht oder einfache Rache.*"[8] Ein Attentat ist nach dieser Definition folglich ein heimtückisch geplantes Vorgehen mit Tötungsabsicht, das vor allem im Zuge eines asymmetrischen Konfliktes auftaucht. Es wird mit geringen, also einfachen

---

[7]   *Übersetzt: Versuch (lat.).*

[8]   Demandt, Alexander: Das Attentat als Ereignis, S.449. In: Ders.: Das Attentat in der Geschichte. Köln, u.a.: Area-Verl. 1996, S. 449.

Mitteln begangen. Wie noch in einem der besprochenen Bücher zu sehen sein wird (Khadra: Die Attentäterin), ist jedoch Demandts Ansicht, dass ein Attentäter stets repräsentative Ziele bevorzugt, zu hinterfragen.

Besonders interessant ist auch die Betonung der politischen Motivation für eine solche Tat. Seit den Anschlägen vom 11.09.2001 werden Attentäter in den westlichen Medien fast ausschließlich als fundamentalistische Islamisten, als Glaubensfanatiker dargestellt. Sie verfolgen, so die entsprechende Berichterstattung, nicht primär politische Ziele, sondern kämpfen für die islamische Weltrevolution. Wenn auch im Islam Religion und Staat nicht eindeutig getrennt werden, so lässt sich jedoch festhalten, dass eine solch eindimensionale Betrachtung der Komplexität der Thematik nicht gerecht wird. Das jüngste Beispiel einer vorschnellen Einschätzung durch die Medien waren die Attentate von Oslo und Utøya, die der rechtsradikale Anders B. im Juli 2011 verübte. Sofort nach den Anschlägen titelte unter anderem *Welt Online „Norwegen ist Zielscheibe für Islamisten"* und schrieb in dem zugehörigen Artikel, dass die *„[...] Schlüsselfigur [...] ein kurdischer Islamistenführer sein [könnte]."*[9] Wenig später wurden die vorschnellen Aussagen der Medien, es habe sich um einen islamistischen Anschlag gehandelt, massiv kritisiert.[10]

Ein Attentat wird aus westlicher Perspektive negativ verstanden. Der Begriff verschmolz spätestens seit dem

---

[9] Welt Online: Norwegen ist Zielscheine für Islamisten. Artikel vom 22.07.2011. URL: http://www.welt.de/politik/ausland/article 13502881/Norwegen-ist-Zielscheibe-fuer-Islamisten.html [Zugriff: 14.06.2012].

[10] Tagesspiegel.de: Medienkritik im Internet. Vorschnell islamistisch. Artikel vom 24.07.2011. URL: http://www.tagesspiegel. de/politik/medienkritik-im-internet-vorschnell-islamistisch/4425042.html [Zugriff: 14.06.2012].

11.09.2001 zunehmend mit dem islamistischen Terror, mit dem Töten von unbeteiligten Zivilisten für im Endeffekt unrealistische und unpolitische, daher aus okzidentaler Sicht, irrationale Ziele. Der 11. September hat unser Bild des Attentats und der Gewaltausübung nachhaltig verändert und ad absurdum geführt. Nach den Anschlägen war die Welt für einen Moment erstarrt. Doch recht schnell danach wurden „der Terrorismus" und „die Terroristen" zu Staatsfeinden erklärt, wenn nicht sogar zu Feinden der kapitalistisch orientierten und demokratischen Welt. Schnell wurden absolute Kategorien wiederentdeckt, die man in dieser Form höchstens noch während des Kalten Krieges anwandte, als Ronald Reagan die Sowjetunion als den *„Mittelpunkt des Bösen in der Welt"*[11] bezeichnete. Der Psychologe und Autor Martin Altmeyer fasst die Situation nach den Anschlägen wie folgt zusammen:

„Wer immer wieder die Flugzeuge in die Türme des World Trade Centers rasen sieht, wer das flammende Inferno in Manhattan vor Augen hat, [...] und wer an die Menschen denkt, die erschlagen und zerstückelt wurden, erstickten und verbrannten in dieser Hölle, [...] - wie sollte der nicht das Böse wieder entdecken in diesem von Menschen geplanten Angriff auf andere Menschen, der alles überbietet, was wir außerhalb des Krieges je an Zerstörungswillen erlebt haben?"[12]

---

[11] Stöver, Bernd: Der Kalte Krieg. Geschichte eines radikalen Zeitalters. München: Beck-Verl. 2007, S. 289.

[12] Altmeyer, Martin: Nach dem Attentat, vor dem Kreuzzug. In: Thomas Auchter u.a. (Hrsg.): Der 11. September. Psychoanalytische, psychosoziale und psychohistorische Analysen von Terror und Trauma. Gießen: Psychosozial-Verl. 2003, S. 13.

Altmeyer konstatiert weiter, dass der distanzierenden Vernunft in der Bilderflut des 11.09. kaum Platz bleibe, um besonnen zu reagieren.[13] Die Emotion siegte somit zunächst über die Rationalität und schnell fielen „anschauliche" Begrifflichkeiten, wie „Kriegserklärung", „Kreuzzug" und „das Böse", und beeinflussten die Debatten und politischen Entscheidungen der Folgezeit. Altmeyer führt den Stanford-Professor Hans-Ulrich Gumbrecht an, der in der FAZ vom 15.09.01 schrieb, er sehne sich nach *„potenten Symbolen amerikanischer Jagdbomber"* und einer *„stahlharten"* Antwort des US-Präsidenten.[14] Die emotionale Dominanz über Sachlichkeit, dies macht Altmeyer hierbei eindrucksvoll klar, sei ein Phänomen gewesen, das auch die intellektuellen und elitären Schichten einer Gesellschaft betroffen hätte. Man müsse sich fragen, ob sich nicht bereits in diesen Reaktionen der ersten Tage nach den Anschlägen eine verheerende Stimmungslage etabliert hätte, die schließlich zu einer stringenten Linie der Radikalisierung des Kampfes gegen den Terror und letztendlich zu einem Verrat an den eigenen Werten des Westens geführt habe. Wenn die Terroristen und ihre Anschläge „das Böse" repräsentierten, so musste der Westen folgerichtig „das Gute" repräsentieren. Die Bilder des 11. Septembers wurden unwiderruflich mit dem Begriff des Attentats und des Terrorismus verbunden. Der Einfluss, den die Medien allein schon durch die stetige Wiederholung der Attentatsbilder ausübten, war enorm. Emotionalität dominierte die Debatten und Entscheidungen der Zeit. Der „neue" Terror wurde primär islamistisch konnotiert, eine Vereinfachung, die eine Auseinandersetzung mit einem klaren Feindbild möglich machte. Für eine Zeit lang schien es so, als sei jeder Muslim ein potentieller Attentäter und manch Autor

---

[13] Vgl. Altmeyer., S. 14.
[14] Vgl. ebd., S. 14f.

beschwor nun den „Kampf der Kulturen".[15] Dadurch etablierte sich schleichend eine neue Kultur der Gewalt, die für viele legitim erschien. Im Auftrag „des Guten" wurden Kriege geführt und die Verdammung von Anschlägen in das Reich des Bösen war erfolgt. Die westliche Welt musste nach den Anschlägen vom 11. September 2001 reagieren und führende Politiker waren in großen Teilen entschlossen, entsprechend zu handeln, was auch ein militärisches Eingreifen beinhaltete. Gefährlich wird es allerdings, wenn der „Krieg gegen *Terror*[16]", der per Definition schon keinen wirklichen Erfolg für sich verbuchen kann, zunehmend zu einem Krieg mit Sendungsbewusstsein wird, der als gerecht betrachtet wird. Karl Heinz Metz skizziert in seinem Werk unter anderem die Tradition gerechter Kriege, die vor allem vor dem Hintergrund eines Zivilisationsauftrages geführt wurden. Dies kann man bereits während Caesars Krieg gegen Gallien erkennen, als die Barbaren-

---

[15] Im Jahr 2002 erschien der Bestseller: Huntington, Samuel P.: Clash of Civilizations. New York: Simon & Schuster-Verl. 2002.

[16] *Definition „Terror"*: Die Formulierung einer allgemeingültigen Definition von Terror ist bis heute schwierig, doch die Verfasser orientieren sich an dem *Vorschlag für einen Rahmenbeschluss des Rates zur Terrorismusbekämpfung.* Es „ergibt sich eine Definition durch die Aufzählung von Straftaten, die als „terroristisch" gewertet werden sollen, wenn sie: Von einer Einzelperson oder einer Vereinigung gegen ein oder mehrere Länder, deren Institutionen oder Bevölkerung mit dem Vorsatz begangen werden, sie einzuschüchtern und die politischen, wirtschaftlichen oder gesellschaftlichen Strukturen dieses Landes bzw. dieser Länder ernsthaft zu schädigen oder zu zerstören [...]."." (Schneiders, Thorsten Gerlad: Heute sprenge ich mich in die Luft – Suizidanschläge im israelisch-palästinensischen Konflikt. Ein wissenschaftlicher Beitrag zur Frage des Warum. Berlin: Lit-Verl. 2006, S. 30.).

Bekämpfung mit einem Heilsgedanken der Überführung in das glorreiche *Römische Reich* einherging. Aus jüngerer Vergangenheit ist hierbei auch der Imperialismus und Kolonialismus des 19. und 20. Jahrhunderts zu nennen.[17] Seit 2001 scheint sich ein neuer Gedanke zu verbreiten: Demokratisierung als Auftrag für die westliche Welt, um dem Terror den Boden zu entziehen – mit kriegerischen Mitteln.

Staatlich legitimierte Gewaltausübung hat die Menschheitsgeschichte stets begleitet: *„Krieg ist eine Form organisierter Gewalt, wohl die älteste. Sie ist das legitimierte Töten von Menschen, die als Feind der eigenen Gruppe bezeichnet werden."*[18]

Aufgrund der langen und blutigen Tradition der Kriege erscheint es auch den heutigen Gesellschaften scheinbar grundsätzlich als legaler und akzeptabler, wenn Kriege offiziell, d.h. mit Billigung eines Staates, einer Staatengemeinschaft und/oder des UN-Sicherheitsrates, geführt werden. Viel schwieriger tut man sich diesbezüglich mit der Einordnung von staatlich nicht legitimierter Gewalt, z.B. in Form des bewaffneten Widerstands, des Partisanenkrieges oder des Terrors egal welcher Couleur. Die westliche Welt hat stets versucht, den Krieg in beherrschbare Bahnen zu lenken und ihm durch Regeln einen zivilisierten Rahmen zu geben. Dies kann schon im Mittelalter an den ritterlichen Idealen mit einer verfolgten Ehrhaftigkeit des Kampfes Mann gegen Mann nach festen Regeln entdeckt werden.[19] Diese Entwicklung setzte sich fort und mündete unter anderem in der *Genfer Konvention* von 1864 und in der *Haager Landkriegsordnung* von 1899. Auch

---

[17] Vgl. Metz, Karl Heinz: Geschichte der Gewalt. Krieg, Revolution, Terror. Darmstadt: Primus-Verl. 2010, S. 73.

[18] Ebd., S. 72.

[19] Vgl. ebd., S. 76.

wenn diese Regelungen nicht wirklich erfolgreich waren und eine Totalisierung der Gewaltanwendung und des Krieges damit keinesfalls verhindert wurde, haben sie doch die Wahrnehmung eines „ordentlichen Krieges" geprägt. Akteure, die aus dieser Ordnung ausbrachen, wie beispielsweise Partisanen, wurden dementsprechend bestraft und / oder hart bekämpft. Auch Terror, wie der der RAF oder der islamistisch geprägte, findet in einer solch tief verwurzelten Vorstellung von gewalthaften Auseinandersetzungen keinen Platz. Die angeführten Beispiele für die Regulierung von Konflikten beruhen auf der Annahme symmetrischer Auseinandersetzung. Diese sind aber spätestens seit der Mitte des 20. Jh. oftmals nicht mehr gegeben. Wenn ein Kampf „David gegen Goliath", wie Metz es umschreibt, stattfindet, so sind die Mittel, die David heutzutage einsetzt, nicht mit einem klaren Frontenkrieg gleichzusetzen. Einen „ehrenhaften Kampf" würde er aufgrund seiner materiellen Unterlegenheit verlieren.[20]

Neben dieser grundsätzlichen Akzeptanzproblematik besteht bei der Beurteilung von politischer Gewalt, Widerstand und Terror noch eine weitere. Die jeweilige Beurteilung über die Anwendung von Gewalt zur Erreichung von Zielen wird von mannigfaltigen Faktoren bestimmt. Ob Widerstand und Terror aus einer Retroperspektive betrachtet werden oder nicht, spielt allein gesehen schon eine große Rolle. Kann es „guten Terror" und „gerechten Widerstand" geben? Und wenn ja, wann und wie charakterisiert man ihn? Als Beispiel sei hier ein Kapitel der deutschen Geschichte angeführt: das *Dritte Reich*.

Wird noch heute der auf beiden Seiten total geführte Partisanenkrieg in der Sowjetunion während des Zweiten Weltkrieges durchaus unterschiedlich beurteilt, steht man den durchge-

---

[20] Vgl. Metz: Geschichte der Gewalt, S. 141.

führten Anschlägen mit Tötungsabsicht auf Adolf Hitler am 20. Juli 1944 weit weniger skeptisch gegenüber. Stauffenberg und die Mitverschwörer werden als Nationalhelden gefeiert. Es scheint so, als sei auch staatlich nicht legitimierte Gewaltanwendung erlaubt, wenn sie eine klare politische Richtung verfolgt und gleichzeitig ein offensichtlich schlechtes, schädliches System zu beseitigen sucht. Die allgemeine Erkenntnis, dass das *Dritte Reich* ein unmenschliches Terrorregime war, das so schnell wie möglich beendet werden musste, wird wohl kaum ernsthafte Diskussionsanreize liefern. Erweitert man diese Gedankengänge jedoch, so stößt man auf ein grundsätzliches Problem: Wenn Einzelne oder Gruppierungen zutiefst von der eigenen Mission, die sie mit ihrem Terror und ihren Anschlägen verfolgen wollen, überzeugt sind, kann man sie dann ohne Weiteres als Allgemeinheit von außen verurteilen oder sollte man zumindest versuchen sie zu verstehen? Wie hoch wird das Recht des Einzelnen auf Widerstand wertgeschätzt und welche Umstände legitimieren die Anwendung von Gewalt? Zudem stellt sich insbesondere im Zusammenhang mit dem Widerstand im *Dritten Reich* die Frage nach der allgemeinen Legitimität des Tyrannenmordes.

Hans Scholl, einer der führenden Köpfe der *Weißen Rose* (und wahrlich nicht der einzige) hatte diese Frage für sich scheinbar negativ beantwortet. Im dritten Flugblatt heißt es:

„Nicht durch individualistische Gegnerschaft, in der Art verbitterter Einsiedler, wird es möglich werden, den Boden für einen Sturz dieser "Regierung" reif zu machen oder gar den Umsturz möglichst bald herbeizuführen, sondern nur durch die Zusammenarbeit vieler überzeugter, tatkräftiger Menschen, Menschen, die sich einig sind, mit welchen Mitteln sie ihr Ziel erreichen können. Wir haben keine reiche Auswahl an

solchen Mitteln, nur ein einziges steht uns zur Verfügung - der passive Widerstand."[21]

Hans Scholl und Alexander Schmorell, Mitbegründer der Widerstandsgruppe, setzten sich mit Thomas von Aquin auseinander und studierten seine Werke im Benediktinerkloster in München. Dabei beschäftigten sie sich auch mit der Frage des Tyrannenmordes. Der Historiker und Politikwissenschaftler Detlef Bald will daraus bereits eine Radikalität des Denkens bei Scholl und Schmorell erkennen und wertet diese Episode im Leben der Widerständler stark auf.[22] Deutlich wird jedoch auch, dass in keinem der Flugblätter der *Weißen Rose* konkret zum Tyrannenmord aufgerufen wird. Von einer eindeutigen Radikalität in ihrem Denken kann keine Rede sein. In der vergangenen Zeit wird die *Weiße Rose* allerdings zunehmend kritischer betrachtet. Nicht nur, weil sie überzeugte Nationalsozialisten wie den Universitätsprofessor Kurt Huber aufnahmen, der sich nie für eine klare Demokratisierung Deutschlands aussprach, sondern auch wegen ihrer zögerlichen Einstellung gegenüber des Übertritts in den aktiven Widerstand. Die vielen weiteren Jugendwiderstandsgruppierungen, wie die *Edelweißpiraten,* die neben der *Weißen Rose* aktiv waren und die weitaus aktiver gegen das Dritte Reich vorgingen, werden hierbei oft vergessen. Sie versteckten verfolgte Personen, Juden oder Sozialdemokraten vor den Schergen des *Dritten Rei-*

---

[21] Scholl, Inge: Die weiße Rose, Frankfurt am Main: S. Fischer-Verl. 1953, S. 123.

[22] Vgl. Bald, Detlef: Die Weisse Rose. Von der Front in den Widerstand. Berlin: Aufbau-Verl. 2004, S. 57f.

ches.[23] Sie leisteten somit aktiver Widerstand, als die weitaus bekanntere Gruppe rund um die Geschwister Scholl. Aktiver Widerstand wird zum Beispiel durch Peukerts Modell der Stufen des Widerstandes im Dritten Reich eindeutig als höherwertig betrachtet, als passiver.[24] Diese Sichtweise ist wiederum nicht unkritisch zu betrachten und birgt die Gefahr, passiven Widerstand stets abzuwerten, was insbesondere in den Umständen des Dritten Reiches problematisch ist.

Sönke Zankel ruft in seinem 2007 erschienen, durchaus umstrittenen, Buch „Mit Flugblättern gegen Hitler" dazu auf, im Zusammenhang mit der *Weißen Rose* nicht mehr von Halbgöttern zu sprechen.[25] Die Frage darf erlaubt sein, ob die *Widerstandsbewegung* aus seiner Sicht positiver bewertet werden würde, wären sie aktiver, mit gewaltvollen Mitteln, gegen das Regime vorgegangen. Gründet sich die neuerliche Kritik an dieser Widerstandsgruppe also wirklich auf dem Wunsch einer neidvollen und gezielten Diskreditierung dieser jungen Menschen, wie einige Reaktionen auf Zankels Buch dem Autor vorwerfen? Viel wahrscheinlicher ist, dass sich hinter seiner kritischen Sichtweise vor allem auch der Vorwurf des zu pas-

---

[23] Vgl. Hellfeld, Matthias von: Edelweißpiraten in Köln. Jugendrebellion gegen das 3. Reich. Das Beispiel Köln-Ehrenfeld. Köln: Pahl-Rugenstein-Verl. 1981, S. 29.

[24] Vgl. Filser, Karl: Dissens, Resistenz, politischer Protest… Zum Widerstandsbegriff in der deutschen Historiographie der Nachkriegszeit. Kreisau 1999. URL: http://opus.bibliothek.uni-augsburg.de/ volltexte/ 2008/1254/pdf/Filser_ Dissens_Resistenz.pdf (Zugriff: 13.12.2011).

[25] Vgl. Schwabe, Alexander: Widerstandskreis Weiße Rose. „Hören wir endlich auf, das Bild von Halbgöttern zu zeichnen". Interview mit Sönke Zankel im Auftrag von spiegel.de. URL: http://www.spiegel.de/panorama/zeitgeschichte/0,1518,436915,00.html (Zugriff: 13.12.11).

siven Widerstandes verbirgt. Die *Weiße Rose* hätte wohl nach der Ansicht einiger Autoren mehr tun sollen, als „nur" Flugblätter zu verfassen und Fassaden mit Slogans zu versehen. Auch Detlef Bald muss sich die Frage gefallen lassen, ob seine These der Radikalisierung Scholls im Zuge der Beschäftigung mit der Thematik des Tyrannenmordes nicht aus seiner Sicht davon ablenken soll, dass es bei einem wenig radikalen Widerstand der Gruppierung blieb. Allerdings sollte die Bedeutung der Gruppe trotzdem nicht verringert werden. Vielmehr kommt der *Weißen Rose* eine besondere Funktion im friedlichen Widerstand zu. Der gewaltfreie Widerstand kann im Umkehrschluss auch als besonders vorbildhaft bezeichnet werden, da durch die Kraft des Wortes in den Flugblättern tiefgreifende Veränderungen hervorgerufen werden sollten.

2.2. Der „neue Terror"

Während ein Großteil der deutschen Medienlandschaft stets vom „islamistischen Terror" spricht, ohne diese Begrifflichkeit näher zu hinterfragen, betont der Professor für Friedens- und Konfliktforschung Ulrich Schneckener die politische Motivation des Terrorismus: *„Bei Terrorismus handelt es sich um eine Gewaltstrategie nicht-staatlicher Akteure, die damit nach eigener Aussage politische Ziele durchsetzen wollen."*[26] In der speziellen Betrachtung des islamistischen Terrors verfolgt Schneckener demnach einen ausgewogeneren Kurs, da er nicht nur die religiöse Komponente, sondern auch ausdrücklich die

---

[26] Schneckener, Ulrich: Transnationaler Terrorismus. In: Ulrike Kronfeld-Goharani (Hg.): Friedensbedrohung Terrorismus. Ursachen, Folgen und Gegenstrategien. Münster: Lit-Verl. 2006, S. 38.

politische Dimension hervorhebt. Der Begriff des „islamistischen Terrors" allein erfüllt dabei schon zwei Zwecke:

1.) Die Vereinfachung eines hochkomplexen Themas.

2.) Die Verurteilung und die Abgrenzung von einer Religion, einer Bevölkerungsgruppe und dadurch Schaffung und Verstärkung der eigenen Identität.

Anders gefragt: Ist jeder Attentäter aus dem islamischen Kulturkreis auch automatisch ein Islamist? Der Begriff des Islamismus ist dabei als eine Form von totalitärer Glaubensauslegung und Weltsicht zu umschreiben. Islamisten sind davon überzeugt, dass nur der Islam und nur Allah zu einer friedfertigen und idealen Weltgemeinschaft führen kann. Dabei sollte der Islam ihrer Meinung nach alle Lebensbereiche durchdringen und auch nicht davor halt machen, andere (z.b. westliche Nationen) zu vereinnahmen und zu integrieren. Der moderne Islamismus beinhaltet also auch nationalistisches und faschistisches Gedankengut.[27] Rund ein Viertel der Muslime, so Eberhard Troeger, favorisieren islamistisches Gedankengut.[28] Dadurch werden zwei Dinge erkennbar:

1.) Der Islamismus ist die einflussreichste Strömung innerhalb der Religion des Islam.

2.) Dadurch ist aber nicht jeder Muslim automatisch ein radikaler Fanatiker, der die islamische Weltgemeinschaft anstrebt.

---

[27] Troeger, Eberhard: Islam oder Islamismus? Argumente zu seiner Beurteilung, S.3f. URL: http://www.islaminstitut.de/uploads /media/sonderdruck05.pdf (30.1.2012).

[28] Vgl. ebd., S. 5.

Attentate sind im Allgemeinen Teil einer Kommunikations-
strategie, durch die politische Aussagen oder Überzeugungen
dem Gegner und der Weltöffentlichkeit präsentiert werden
sollen. Dabei spielt das Attentat an sich eine eher untergeordnete Rolle. Nicht durch die Tat, sondern durch die Reaktion
des Gegners auf ein Attentat sollen die politischen Ziele erreicht werden. Die Strategie gründet sich also auf einer
schlichten Aktions-Reaktions-Spirale.[29] Der Gegner wird pro-
voziert und zu einer Reaktion gezwungen. Diese Reaktion
wiederum wird dann als überzogen und ungerechtfertigt dargestellt. Somit wird der Weltöffentlichkeit der Angegriffene
als eigentlicher Aggressor präsentiert. Das eigentliche Ziel
spielt daher bei den meisten Attentaten der jüngsten Geschichte, klammert man die symbolträchtigen Anschläge des 11.
September aus, oft eine untergeordnete Rolle. Je weiter die
politischen Ziele reichen, desto eher ist man auch bereit, Unbeteiligte zu töten.[30] Diese Situation führt zu erheblichen Prob-
lemen bei der konstruktiven Beschäftigung mit dem „neuen
Terror" seit dem 11.09.2001. Die Terrororganisationen versuchen vor allem durch die Bezugnahme auf den Islam Menschen von Selbstmordattentaten zu überzeugen, auch wenn die
eigentlichen Ziele, die hinter dem Attentatsplan stehen, oft
politischer Natur sind. Insbesondere Attentate aus dem islamischen Kulturkreis, wie zum Beispiel im Zuge des Konfliktes
im Heiligen Land, tragen oft eine Motivation in sich, die auf
die politisch und militärisch auf beiden Seiten als unbefriedigend empfundene Lage zurückzuführen ist. In den westlichen

---

[29] Hirschmann, Kai: Internationaler Terrorismus. Artikel vom
21.08.2006. URL: http://www.bpb.de/publikationen/HMYBJN,
0,Internationaler_Terrorismus.html (Zugriff: 4.1.2012).
[30] Vgl. Demandt: Das Attentat als Ereignis, S. 453.

Medien wird jedoch größtenteils über die religiöse Komponente dieser Attentate berichtet.

Die Person des Attentäters ist grundsätzlich nicht geschlechtsspezifisch. Aus dem Palästinenserkonflikt sind viele Attentate bekannt, die von Frauen ausgeführt wurden. Dennoch tritt der Attentäter im westlichen Kulturkreis in der Regel als junger Mann in Erscheinung. Der emeritierte Freiburger Universitätsprofessor Alexander Demandt hat in seiner Auseinandersetzung mit dem Thema einen bestimmten Charakter herausgearbeitet:

„Unter den Attentätern fällt ein bestimmter Typus ins Auge: der junge Mann, der eine traurige Jugend hatte, dem im bürgerlichen Leben der Erfolg versagt blieb, im Beruf wie in der Liebe, der als Einzelgänger und Eigenbrötler lebte, sich in eine Traumwelt hineinphantasierte und nun Rache am Schicksal nehmen will, indem er alles auf eine Karte setzt, sein Leben riskiert und einmal die Blicke der Welt auf sich lenkt. Ihm ist weniger an einem bestimmten Opfer als an einem großen Echo gelegen."[31]

Dies ist allerdings eine, wie der weitere Verlauf der Arbeit zeigen wird, längst überholte und von gewissen Stereotypen geprägte Sichtweise, die weder der Bandbreite an Motivationen für Anschläge, noch den unterschiedlichen daran beteiligten Personen gerecht wird. Neben der dominierenden politischen Motivation für ein Attentat existiert ebenfalls das Phänomen des islamistischen Fundamentalismus. Diesem wurde besonders in jüngster Vergangenheit viel Aufmerksamkeit geschenkt. Oberstes Ziel des islamistischen Fundamentalismus ist dabei die Errichtung eines islamischen Staates. Dabei stüt-

---

[31] Demandt: Das Attentat als Ereignis, S. 450.

zen sich die Islamisten auf folgende Komponenten: Der Islam gilt als allumfassendes System, das keine Trennung von Staat und Religion zulässt. Die Herrschaft kann nur vom Islam ausgehen, dabei werden die Gesetze aus dem Koran und der Sunna abgeleitet. Des Weiteren besteht die wesentliche Aufgabe der Muslime in der Rückkehr zum „geraden Weg", dessen Lebensweise sich an das Leben Mohammeds und seiner ersten Gemeinde anlehnt. Der Verpflichtung zur Errichtung eines islamischen Systems kommen die Islamisten mit Hilfe des *Dschihads* nach.[32] Sie interpretieren ihn als Kampfaufruf gegen diejenigen, die nicht ihrer Ansicht bzw. ihres Glaubens sind. Viele Muslime setzen dieser westlichen, teilweise auch sehr pauschalen Interpretation entgegen, dass *Dschihad* nicht nur die Kriegsführung bezeichne, sondern es auch einen nichtmilitärischen Begriff gebe. Daher sei eine solche generalisierte Übersetzung grundsätzlich falsch und abzulehnen.[33] Trotzdem wird diese Argumentation von radikalen Muslimen zur Legitimation von Selbstmordattentaten herangezogen, obwohl Selbstmorde als Sünde im Koran klassifiziert werden. Diese Sünde wird jedoch interpretatorisch umgangen. Durch ihren Einsatz im *Dschihad* werden die islamistischen Fundamentalisten in die Gemeinschaft der Gläubigen aufgenommen und sichern so die Herrschaft Gottes über die Welt.[34] Die Ideo-

---

[32] Vgl. Wentker, Sibylle: Fundamentalismus und Islamismus – Definition und Abgrenzung. In: Walter Feichtinger u.a. (Hrsg.): Islam, Islamismus und islamischer Extremismus. Wien: Herder-Verl. 2008, S. 38f.

[33] Peters, Rudolph: Islam and Colonialism. The doctrine of Jihad in Modern History. The Hague u.a.: Mouton Publishers 1979, S. 118.

[34] Vgl. Wentker: Fundamentalismus und Islamismus, S. 38f.

logie des Islamismus basiert laut Sibylle Wentker auf sechs Grundpfeilern[35]:

1. Er schafft eine neue Identität für diejenigen, die die soziale und spirituelle Bande verloren haben.

2. Er definiert ein Weltbild, das den Gläubigen unzweideutig mitteilt, was Gut und was Böse ist.

3. Er bietet alternative Möglichkeiten, mit einer unfreundlichen Umwelt umzugehen.

4. Er bietet eine Protestideologie gegen die etablierte Ordnung.

5. Er garantiert Zugehörigkeit und spirituelle Zuflucht vor dem Zustand der Unsicherheit.

6. Er verspricht ein besseres Leben in einer islamischen Utopie, vielleicht noch auf Erden, gewiss aber im Himmel.

Die öffentliche Selbstdarstellung der Islamisten und die Verarbeitung in den Medien führen allzu oft zu dem Eindruck, der Islam sei eine gewalttätige Religion, die den Terror begünstige, ja geradezu fördere. Dabei wird oft vergessen, dass auch der Islam individuellen Auslegungen verschiedener Koranforscher unterliegt und diese dennoch in der Mehrzahl den Islam als Religion des Friedens bezeichnen. Westliche Medien haben, so scheint es oft, kein Interesse an einer angemessenen und differenzierten Betrachtung der Religion. Da liegt es nicht fern, wenn man sich die Frage stellt: Wer hat Interesse daran, dass die Medien gewisse Fakten verschweigen? Die Religion des Islams wird für die politischen und persönlichen Ziele der

---

[35] Wentker: Fundamentalismus und Islamismus, S. 40.

Terrororganisationen benutzt, um die Attentate wiederum mit einer religiösen Rechtfertigung zu versehen. Westliche Medien tun sich insbesondere nach dem 11. September – bewusst oder unbewusst – schwer mit einer konkreten Unterscheidung zwischen Islamismus und dem Islam als Religion. Im Jahr 2007 titelte der Stern: „Wie gefährlich ist der Islam?"[36]. Die Implikation, die diesem Titel innewohnte, ist problematisch. Zwar wurde vom Stern nach der Religion des Islam, nach dem Glauben gefragt, doch insbesondere durch die vorhergehenden undifferenzierten Medienberichte wurde so eine Vermischung der Begrifflichkeiten des Islam und des Islamismus vorangetrieben. Die mangelnde Trennung schafft eine bedrohliche Stimmung und Gefühlslage, die mit der Realität nicht viel zu tun hat und islamische Mitbürger geraten schnell unter Generalverdacht.

Die Entscheidung für ein Attentat erfolgt also scheinbar aus einer Gemengelage von Gründen. Neben persönlichen Zielen, die mit der Ausführung eines Attentats verbunden sind, existieren durchaus auch die weittragenderen Ziele, seien sie primär politisch oder religiös motiviert. Dadurch wird klar, dass es verhängnisvoll ist, von einem eindeutig typischen und immer wiederkehrenden Attentäter zu sprechen. Hinter jedem Attentat verbirgt sich ein Individuum mit einer individuellen Idee, das sich aufgrund persönlicher Erfahrungen oder Einstellungen zu diesem folgenreichen Schritt entschlossen hat. Es gibt nicht immer den einen, gleichen und fanatischen Glaubenskrieger. Dessen ungeachtet steht jeder Attentäter auch für ein größeres Ziel seiner Terrororganisation oder Widerstandsgruppe. Dieses Ziel ist häufig vielmehr politisch, als religiös

---

[36] Stern.de: Titelansicht vom 5.9.207. URL: http://d2.stern.de/ bilder/magazin /2007 /38/Heft_38_2007_fitwidth_150.jpg (Zugriff: 12.12.2011).

geprägt, was jedoch nicht ausschließt, dass beispielsweise eine religiöse Rechtfertigung für das Ausführen eines eigentlich politischen Attentats verwendet wird.

Es ist dementsprechend außerordentlich schwierig, den Begriff des Attentäters einheitlich zu definieren, Attentate einzuordnen oder gar vollends zu verstehen. Im Rahmen einer fiktionalen Auseinandersetzung mit diesen schwierigen Themen können sich aber durchaus neue Denkansätze ergeben, die das Verständnis der breiten Öffentlichkeit fördern können. Die drei ausgewählten Romane von Peters, Updike und Khadra beschäftigen sich genau mit diesem Ansatz. Sie präsentieren aus jeweils unterschiedlichen Sichtweisen die Standpunkte und Hintergründe eines Attentäters.

2.3. Weiterführende Auseinandersetzung

Auch nach dem 11.09.2001 sollten die Ursachen für sämtliche Attentate aus dem islamischen Kulturkreis nicht pauschal bei fanatischen Hasspredigern und ihren Gefolgsleuten gesucht werden. Zudem stellt sich stets die Frage, inwiefern die westliche Welt Gewalt auf der einen Seite eindeutig und einhellig ablehnend gegenüber steht, sie auf der anderen Seite aber selbst als essentielles Mittel im Kampf gegen diese andere Form von Gewalt einsetzt. Ist Gewaltausübung zur Durchsetzung politischer, ideologischer Ziele nur dann zu verdammen, wenn sie nicht staatlich legitimiert ist oder wenn man nicht dem *jus bello*[37] folgt? Man kann natürlich der Gewaltausübung, egal in welcher Form, grundsätzlich kritisch gegenüberstehen und sie als Mittel ablehnen. Doch inwiefern verschließt man sich dabei aber der individuellen Möglichkeit zur

---

[37] *Übersetzt: „Recht durch Krieg" (lat.).*

differenzierteren Betrachtung geschichtlicher und gesellschaftlicher Entwicklungen? Warf nicht gerade die grundsätzlich pazifistische 68er Bewegung, die sich vor allem gegen den Krieg in Vietnam positionierte, ihrer Elterngeneration vor, dass sie „nichts" gegen Hitler und seine Schergen unternommen habe? Es muss die Frage erlaubt sein, inwiefern Gewaltausübung, der Tyrannenmord, hierbei indirekt eingefordert wurde. Schwierig gestaltet sich die Gleichsetzung von Widerstandsbewegungen, wie die der *Weißen Rose* oder den Mordanschlägen auf Hitler im Jahre 1944, mit dem aktuellen Thema des islamistischen Terrors. Wenn man allerdings konstruktiv über die Rolle von Gewalt in der Geschichte diskutieren will und vor allem auf die auffallenden Schwierigkeiten verweisen will, die bei der Beurteilung oder Aburteilung von Gewalt, beispielsweise in Form von Anschlägen, auftauchen, sollte man die Augen vor der gewaltvollen Vergangenheit des Okzidents und der zwiespältigen Einstellung dieser gegenüber nicht verschließen.

Im Zuge des „Krieges gegen den Terror", ein seit 2001 in der breiten Öffentlichkeit kursierender Terminus, bedient sich der Westen auch heute noch Methoden, die man im Zuge eines Perspektivenwechsels durchaus wiederum als Terror bezeichnen kann. Dabei ist nicht nur eine Verrohung der politischen und militärischen Methoden und Vorgehensweisen zu beobachten, sondern auch eine Veränderung der gesellschaftlichen Wahrnehmung dieser Maßnahmen und des Terrors. Die gezielte Tötung von Osama bin Laden in Pakistan im Mai 2011 unter Missachtung der souveränen Grenzen des Staates wurde in den Medien und von vielen führenden Politikern teilweise sogar begrüßt und gefeiert. Die deutsche Bundeskanzlerin Angela Merkel äußerte sich am 02. Mai 2011 in einem Pressestatement[38] zur Tötung Osama bin Ladens wie folgt:

Reporter: *„Frau Bundeskanzlerin, dieser Erfolg, den Sie beschreiben, war offenkundig eine gezielte Tötung; vieles spricht dafür. Sollten auch deutsche Sicherheitskräfte in der Lage sein, auf diese Weise gegen Terrorhäupter vorzugehen?"*

Merkel: *„Ich bin heute erst einmal hier, um zu sagen: Ich freue mich darüber, dass es gelungen ist, bin Laden zu töten. Ich glaube, dass es vor allen Dingen für die Menschen in Amerika, aber auch für uns in Deutschland eine Nachricht ist, dass einer der Köpfe des internationalen Terrorismus, der so viele Menschen schon das Leben gekostet hat, gefasst bzw. getötet wurde und damit auch nicht mehr weiter tätig sein kann. Das ist das, was jetzt für mich zählt. Deshalb habe ich meinen Respekt für dieses Gelingen auch dem amerikanischen Präsidenten mitgeteilt, und das war mir auch ein Bedürfnis."*

In New York und anderen Großstädten der USA herrschte Volksfeststimmung. Es scheint bei kritischer Betrachtung so, als sei der Westen auf ein bedrückend niedriges Niveau zurückgefallen. Sind wir *Al Qaida* in die Falle getappt, als wir in

---

[38] Bundesregierung / Regierung Online: Pressestatement von Bundeskanzlerin Angela Merkel zur Tötung von Osama bin Laden. Mitschrift Pressekonferenz vom 02.05.2011. URL: http://www.bundesregierung.de/Content/DE/Mitschrift/Pressekon ferenzen/2011/05/2011-05-02-merkel-osama-bin-laden.html (Zugriff: 13.12.2011).

unseren Reaktionen auf die Angriffe des 11. Septembers 2001 selbst Terror und Folter anwendeten? Verrät der Westen derzeit, wie es einer der Autoren der drei Romane formuliert, seine eigenen Traditionen?[39] Oder folgt er vielmehr verheerenden „Traditionen", die man in der zivilisierten Welt bisher für ausgemerzt hielt? Die aktuellen Debatten über den „Krieg gegen den Terror", über den islamistischen Terror und die Rolle des Westens sind vor allem auch eines: engstirnig und scheinheilig. Und der 11. September veränderte vieles, aber bei Weitem nicht alles.

---

[39] Vgl. Haninmann, Joseph: Der Westen verrät seine eigene Tradition. Interview mit Yasmina Khadra vom 29.06.2006. In: Frankfurter Allgemeine Zeitung. URL: http://www.faz.net/-00mr0d (Zugriff: 13.12.2011).

3. Die RAF – Terror in Deutschland

3.1. Geschichtliche Hintergründe

Auch die deutsche Geschichte ist durch Attentate der unterschiedlichsten Art und Weise, sowie auch vom Terrorismus bestimmt worden. Besonders prägend war dabei die Zeit des linksradikalen Terrorismus in der Bundesrepublik Deutschland, der fest mit der *RAF* (*Rote Armee Fraktion*) verbunden ist. Diese Terrorgruppe war nicht nur über drei Jahrzehnte Teil der Innenpolitik Deutschlands, sondern vor allem auch Teil der gesellschaftlichen und künstlerischen Diskurse über das politische System und die Legitimität eines solch radikalen Vorgehens. Im Jahr 2008 erschien der von Bernd Eichinger produzierte Film „Der Baader-Meinhof-Komplex" und sorgte für hohe Besucherzahlen in deutschen Kinos. In der dadurch erneut angestoßenen Diskussion wurde jedoch ein Genre der künstlerischen und kulturellen Auseinandersetzung mit dem *RAF*-Terror vernachlässigt. Die Jahre der *RAF* führten zum Aufkommen einer neuen Art der literarischen Verarbeitung und Hinterfragung. Bevor auf die nähere Ausgestaltung dieses Genres anhand von zwei beispielhaften Romanen eingegangen wird, soll zunächst ein kurzer Abriss über die *RAF* und ihre Entwicklung erfolgen.

Die *Rote Armee Fraktion* war zwischen 1970 und den 90er Jahren allgegenwärtig in den Medien der Bundesrepublik Deutschland. „*Wenn man bedenkt, dass die durchschnittliche Lebensdauer linksradikaler Terrorgruppen in Europa zwei Jahre beträgt, dann ist die Existenz der Roten Armee Fraktion (RAF) über fast drei Jahrzehnte eine Besonderheit [...].*"[40]

---

[40] Daase, Christopher: Die RAF und der internationale Terrorismus. Zur transnationalen Kooperation klandestiner Organisationen. In:

Ihren Ursprung hatte die Gruppe in der Studentenbewegung der 1960er Jahre. Diese erreichte ihren Höhepunkt in den Protesten des Jahres 1968. Als der Student Benno Ohnesorg am 2. Juni 1967 bei gewaltsamen Ausschreitungen mit der Polizei ums Leben kam, radikalisierte sich das Vorgehen der sogenannten „Außerparlamentarischen Opposition" (APO) zunehmend.[41] Mit dem Attentat auf den Studentenführer Rudi Dutschke am 11. April 1986 zeigte sich die endgültige Wende zur gewaltsamen Auseinandersetzung. In der Folge kam es zu schweren Straßenschlachten.[42] Schon vor dem Anschlag auf Dutschke machten Andreas Baader, Gudrun Ensslin, Thorwald Proll und Horst Söhnlein mit Brandanschlägen auf die Kaufhäuser Schneider und Karstadt in Frankfurt am Main auf sich aufmerksam. Baader und Ensslin waren es auch, die mit Unterstützung Horst Mahlers, Ulrike Meinhofs und anderen die linksextreme Gruppe gründeten. Den entscheidenden Schritt in die Illegalität machten sie mit der gewaltsamen Befreiung Baaders am 14. Mai 1970.[43] Dieser war nach den Kaufhausanschlägen vor seinem Haftantritt geflohen, allerdings konnte er kurze Zeit später durch eine fingierte Verkehrskontrolle festgesetzt werden.

Generell lässt sich die *RAF*-Geschichte in drei Generationen unterteilen: „*Als erste Generation der RAF bezeichnet man gemeinhin die Gruppe von deutschen Terroristen, die sich seit*

Wolfgang Kraushaar: Die RAF und der linke Terrorismus. Bd. 2. Hamburg: Hamburger Editions-Verl. 2006, S. 905.

[41] Vgl. Daase: Die RAF und der internationale Terrorismus, S. 912ff.

[42] Vgl. Lemler, Kai: Die Entwicklung der RAF im Kontext des internationalen Terrorismus. Bonn: Bouvier-Verl. 2008, S. 46ff.

[43] Peters, Butz: RAF. Terrorismus in Deutschland. Stuttgart: Droemer Knaur-Verl. 199, S. 79ff.

Anfang 1970 um die zentralen Figuren Andreas Baader, Gudrun Ensslin und Ulrike Meinhof bildete und bis Ende 1974 nicht nur zahlreiche Banküberfälle, sondern auch Bombenanschläge [...] verübten."[44]

Nach der Befreiung von Andreas Baader befanden sich die Akteure auf der Flucht, sie propagierten den Kampf aus dem Untergrund.[45] Die Gruppe suchte den Kontakt mit dem Ausland, vor allem mit militanten Organisationen. Sie reisten nach Jordanien, wo sie eine militärische Ausbildung im palästinensischen *El-Fatah-Camp* in der Wüste absolvierten. Allerdings verfolgten die Mitglieder der *RAF* und die Palästinenser unterschiedliche Ziele, sodass die Deutschen nur in der Lage waren, die Grundausbildung in der Guerillakriegsführung zu absolvieren. Das Konzept „Stadtguerilla"[46] entsprang ihren ideologischen Vorstellungen. Hier stellt sich die *Rote Armee Fraktion* in die Tradition des lateinamerikanischen Guerillakampfs. Trotzdem legte sie sich auf keine bestimmte Strömung fest, sondern suchte sich ihre Bezugspunkte bei Marx, Che Guevara, Mao und vor allem bei Castro. Für sie bestand eine Blockbildung zwischen Imperialismus und Dritter Welt, weshalb sich auch ihr *„revolutionärer Terror [...] ausschließlich gegen Exponenten des Ausbeutungssystems und gegen Funktionäre des Unterdrückungsapparates, gegen die zivilen und militärischen Führer und Hauptleute der Konterrevolution"*[47] richtete. Im Mai 1972 begann die sogenannte „Mai-Offensive", in der

---

[44] Daase: Die RAF und der internationale Terrorismus, S. 912.

[45] Peters: RAF, S. 84: *„Alle Skrupel sind über Bord geworfen, nichts gibt es mehr zu deuten an dem Gesetz der Gruppe- »natürlich darf geschossen werden«."*.

[46] Ebd., S. 87: *„Für den Stadtguerilla-Kampf gilt folgende Logistikformel: „ M- Motorisierung, G- Geld, W- Waffen, M- Munition, S- Sprengstoff"."*.

[47] Daase: Die RAF und der internationale Terrorismus, S. 917.

zahlreiche Bombenanschläge auf deutsche und amerikanische Regierungsinstitutionen verübt wurden. Der größte Teil der *RAF* wurde festgenommen und protestierte im Gefängnis weiter, besonders gegen die schlechten Haftbedingungen. Während seines Hungerstreiks starb Holger Meins am 9. November 1974.

Für die folgende zweite Generation blieben die Protagonisten der ersten Generation dominierend. Baader, Ensslin und Co. operierten weiterhin aus der Haft und versuchten die Aktionen außerhalb der Gefängnismauern zu koordinieren. Es zeigte sich allerdings ein Wandel in der Programmatik. Das Einstehen für die Befreiungskämpfe der Dritten Welt trat hinter das neue Ziel der Gefangenenbefreiung zurück. *„Die Selbstbeschränkung auf die Gefangenenbefreiung trug indessen nicht nur dazu bei, dass die RAF eine Weiterentwicklung der linksterroristischen Ideologie versäumte; auch führte sie zu einer weiteren Entfremdung mit dem von der RAF anvisierten revolutionären Objekt."*[48] Schon eine der ersten Aktionen der neuen *RAF*-Generation, die Besetzung der deutschen Botschaft in Stockholm im April 1975, weist auf einen Paradigmenwechsel hin. Es zeigte sich ein rücksichtsloseres, brutaleres Vorgehen, außerdem verübte die *RAF* erstmals einen Anschlag außerhalb der Bundesrepublik. Zahlreiche Befreiungsaktionen folgten. Neu waren auch die gezielten Anschläge auf führende Persönlichkeiten in Staat und Wirtschaft. Das erste Opfer war Generalstaatsanwalt Siegfried Buback, der für sein hartes Vorgehen gegen den Terrorismus der Roten Armee Fraktion bekannt war. Am 7. April 1977 wurde der „Cheffahnder" in seinem Wagen erschossen. Es folgte die Ermordung des Vorstandsvorsitzenden der Dresdner Bank Jürgen

---

[48] Lemler: Die Entwicklung der RAF im Kontext des internationalen Terrorismus, S. 67f.

Ponto am 30. Juli 77 in seiner Villa.[49] Die Aktionen der zweiten Generation der *RAF* gipfelten in der Entführung und Ermordung des Arbeitgeberpräsidenten Hanns-Martin Schleyer am 5. September 1977 mit dem Ziel, die inhaftierten Mitglieder der *RAF* in Stammheim freizupressen. Eine letzte Möglichkeit die Bundesregierung zum Nachgeben zu bringen, sah die Gruppe in der Entführung der Lufthansa-Maschine „Landshut" am 13. Oktober 1977. Als diese von der Polizei beendet werden konnte, begingen Baader, Ensslin und Raspe am 18. Oktober 1977 Selbstmord. Nach diesen Taten brauchte die *RAF* eine längere Zeit, um einen strategischen Neuanfang zu organisieren. Die ideologischen Führer waren tot und man brauchte neue Führungskräfte. Erst im Jahre 1979 machten sie mit Banküberfallen erneut von sich hören. In den kommenden Jahren folgten Bomben- und Raketenanschläge auf US-amerikanische Einrichtungen und Vertreter in Deutschland.[50] Mit der Verhaftung der neuen Führung am 11.5.1978 (Monhaupt, Boock u.a.) war es knapp zwei Jahre still um die *RAF* geworden. Die angestrebten Kooperationen mit außereuropäischen Terrororganisationen, wie mit der *Palästinensischen Befreiungsorganisation* (engl. *PLO*), zeigten keinen Erfolg. Der Versuch, Institutionen der DDR für ihre Unterfangen zu gewinnen, gelang nur an der Oberfläche. Zwar gestattete die DDR die Aufnahme der Aussteiger und die Ausbildung an der Waffe, aber die politischen Interessen der DDR waren nicht vollends mit den Idealen der Roten Armee Fraktion zu vereinbaren.

---

[49] Vgl. Peters: RAF, S. 220ff.
[50] Vgl. Daase: Die RAF und der internationale Terrorismus, S. 922: *31. August 81: Bombenanschlag auf amerikanischen Stützpunkt Ramstein*; *15. September: Raketenanschlag auf US-General Kroesen,* (…).

Es herrscht Uneinigkeit, ab wann man von einer dritten Generation der *RAF* sprechen kann. Als Bezugspunkt kann ihre erneute programmatische Neuausrichtung in den frühen 80ern gesehen werden. Sie versuchte nun, wie im Mai-Papier 1982 propagiert, die westeuropäische antiimperialistische Front aufzubauen.[51] Dazu unternahm sie den Versuch, mit anderen terroristischen Organisationen in Kontakt zu treten. Die erste Kooperation entwickelte sich zu der französischen Gruppe *Action Directe* (*AD*). Es kam zu gemeinsamen Anschlägen, wobei erneut Tote zu verzeichnen waren. Bereits hier zeigte sich die Idee zur Herstellung des Internationalismus. Hinter diesem Begriff verbarg sich das Bestreben der RAF, auf Basis der sozialistischen Einstellung einen Bund zu gründen. Die einzelnen Staaten geben dabei ihre Machtposition in die Hände der sozialistischen Internationale, sodass eine allgemeingültige Entscheidung gefällt wird.[52] Zu ihrer Verwirklichung beging die *RAF* eine Reihe brutaler Morde an Führungspersönlichkeiten der deutschen Wirtschaft. Ein weiteres beliebtes Ziel waren US-amerikanische Einrichtungen und NATO-Gebäude. Nach der Zersplitterung der *AD* wandte sich die *RAF* der italienischen Organisation *Rote Brigaden* zu. Allerdings blieb die erhoffte Wirkung aus. „*Das vermutlich endgültige Aus kam mit der Selbstauflösungserklärung vom 20. April 1998:* »*Vor fast 28 Jahren, am 14. Mai 1970, entstand in einer Befreiungsaktion die RAF. Heute beenden wir*

---

[51] Vgl. Daase: Die RAF und der internationale Terrorismus, S. 926.

[52] Zur Herleitung der Definition siehe: Hierlmeier, Josef: Internationalismus. Eine Einführung in seine Ideengeschichte – von den Anfängen bis zur Gegenwart. 2. Auflage. Stuttgart: Schmetterling-Verl. 2006.

dieses Projekt. Die Stadtguerilla in Form der RAF ist nun Geschichte.«[53]

Die Geschichte der *Roten Armee Fraktion* macht deutlich, dass sie ein internationalistisches Selbstverständnis hatte, welches allerdings in den verschiedenen Generationen unterschiedlich ausgeprägt war. Die erste Generation beschränkte ihren strategischen Aktionsradius auf Deutschland, wohingegen sich die zweite Generation stark nach außen orientierte. Die Aktionen des dritten Jahrgangs ließen sich auf Deutschland und die Nachbarländer eingrenzen. Nicht außer Acht zu lassen ist dabei die Bedeutung der internationalen Partner. Durch die geschickte Nutzung der unterschiedlichen Kontakte zu auswärtigen Akteuren konnte die *RAF* ihre Existenz über einen langen Zeitraum sichern und sich im Zuge dieses Konzepts unter anderem mit Waffen versorgen und Unterschlupf finden. Allerdings wurde durch die Expansion des Terrors das Subjekt Deutschland aus dem Fokus verloren.[54] Mit Hilfe des militärischen Trainings und der Lieferung von Waffen aus dem Ausland gelang es der *RAF*, überdurchschnittlich lange aktiv zu bleiben. Doch trug letztendlich die Idee der Internationalisierung maßgeblich zum Scheitern des Terrorismus in Deutschland bei. Augenscheinlich bleibt jedoch die Wirkung: *„Der RAF-Terrorismus hat in den vergangenen Jahren viel Leid und noch mehr Furcht verursacht. Eines jedoch, bei nüchterner Betrachtung, nicht - auch wenn uns das so mancher Politiker glauben machen wollte: Den Staat in seinen Grundfesten erschüttert.“*[55] Die Entwicklung der *RAF* hat gezeigt, dass ein Wandel in der Ideologie notwendig war, um

---

[53] Lemler: Die Entwicklung der RAF im Kontext des internationalen Terrorismus, S. 100.

[54] Vgl. ebd., S. 128.

[55] Peters: RAF, S. 442.

die Gruppe über einen so langen Zeitraum am Leben zu erhalten. Jede Generation passte sich den neuen Umständen in der BRD an und legte einen anderen Fokus in ihrer Vorgehensstrategie. Dies war sicherlich mitunter auch ein Grund für das lange Bestehen dieser Terrororganisation. Kennzeichnend ist die Fokussierung auf das Hier und Jetzt. Den Mitgliedern schien das verbindende Konzept zu fehlen: *„Trotz aller in den Grundsatzschriften angestellten theoretischen Überlegungen ist auffällig, daß weder die erste Generation der RAF noch ihre Nachfolger jemals konkrete Zielvorstellungen für die Zeit nach einer erfolgreichen Revolution formuliert haben."*[56]

3.2. Literarische Verarbeitung anhand ausgewählter Beispiele

Das zwei Jahrzehnte überdauernde Phänomen der *Roten Armee Fraktion* ging verständlicherweise nicht an der bildenden Kunst und Literatur vorüber, ohne einen Eindruck zu hinterlassen. Die politischen Strömungen und geschichtlichen Etappen der deutschen Nachkriegsgeschichte wurden in zahlreichen Romanen, Gedichten und Erzählungen aufgegriffen. Aufgrund ihrer Beschäftigung mit dem Thema *RAF* wurden einige Autoren als „intellektuelle Helfershelfer"[57] diffamiert. Ein bekanntes Beispiel ist Heinrich Böll, der sich mit seinem

---

[56] Lemler: Die Entwicklung der RAF im Kontext des internationalen Terrorismus, S. 58.

[57] Tremel, Luise: Li-terror-isierung. Die RAF in der deutschen Belletristik zwischen 1970 und 2004. In: Wolfgang. Kraushaar: Die RAF und der linke Terrorismus. Bd. 2. Hamburg: Hamburger Editions-Verl. 2006, S. 1117.

Artikel aus dem Jahre 1972 „Will Ulrike Meinhof Gnade oder freies Geleit?" zur Zielscheibe der Kritiker machte.[58]

Im Laufe der Zeit hat sich der öffentliche Umgang mit dem Thema *Rote Armee Fraktion* stark gewandelt. In den 1970er Jahren wäre eine Kritik an den Anti-Terror-Maßnahmen des Staates undenkbar gewesen, wohingegen eine Dämonisierung der *RAF* heute wiederum unvorstellbar ist. Es lassen sich drei Kategorien des belletristischen Umgangs mit dem Terrorismus feststellen: Zwischen 1970 und 1987 standen die Auswirkungen der staatlichen Terrorismusbekämpfung im Vordergrund. Ab 1988 verschob sich der Fokus auf den Terroristen als Privatperson, es wurden *RAF*-Mitglieder in fiktiven Situationen oder mögliche Gedankengänge von linken Terroristen geschildert. Die seit 1997 erschienenen Texte muten nostalgisch an und scheinen die Geschehnisse zu romantisieren.[59]

Zur ersten Kategorie zählen Texte, die Kritik an den staatlichen Maßnahmen zur Terrorbekämpfung und bewusst deren negative Auswirkungen zeigen. Exemplarisch soll hier das Buch von Heinrich Böll „Die verlorene Ehre der Katharina Blum oder wie Gewalt entstehen und wohin sie führen kann" näher beleuchtet werden. Des Weiteren wird auf die literarische Verarbeitung und Auseinandersetzung mit der Thematik des *RAF*-Terrors und die Rolle der Medien eingegangen.

Tremel fasst den Inhalt folgendermaßen zusammen:

> *„Heinrich Bölls Roman »Die verlorene Ehre der Katharina Blum« [...] erzählt die Geschichte einer jungen Haushälterin, deren Ziel im Leben das Abbezahlen ihrer eigenen Wohnung*

---

[58] Vgl. Tremel: Li-terror-isierung, S. 1117.

[59] Vgl. ebd., S. 1118.

42

sowie ihres Autos ist. Zu Beginn der Erzählung ist Katharina an politischen Dingen völlig uninteressiert. Nachdem sie jedoch eine Nacht mit einer Karnevalsbekanntschaft verbracht hat, stürmt die Polizei ihre Wohnung und unterzieht sie einem ausführlichen Verhör, in dem Katharina nicht nur über ihren Liebhaber- angeblich ein gefährlicher Krimineller- befragt wird, sondern auch über verschiedene Aspekte ihres Privatlebens. Am nächsten Tag lanciert ein vielgelesenes Boulevardblatt mit dem Namen ZEITUNG, dem die Details des vertraulichen Verhörs bekannt sind, eine Artikelserie, die Katharina als kriminelle Prostituierte darstellt, die sich an Verschwörungen gegen den Staat beteiligt. Leser der ZEITUNG terrorisieren Katharina mit gehässigen Briefen und Telefonanrufen, [...]. Als Katharinas Liebhaber nach einigen Tagen gefasst wird, stellt sich heraus, dass er, entgegen den Behauptungen der Polizei und der ZEITUNG, weder ein Mörder noch ein Anarchist ist, sondern ein Deserteur, der dem Militär Geld entwendet hat.[...] Die viertägige Belästigung durch Polizei, Presse, Nachbarn und anonyme Anrufer hat allerdings nicht nur das Leben zerstört, das Katharina sich gewissenhaft aufgebaut hatte, sondern auch ihr Ehrgefühl sowie den Ruf ihres Arbeitgebers und Anwalts, [...]. Nach ihrer Heimkehr lädt Katharina Tötges für ein angebliches Exklusivinterview in ihre Wohnung ein, um den Verursacher ihrer Probleme zu konfrontieren. Als Tötges sie obszön zum Sex auffordert, erschießt Katharina den Reporter."[60]*

Der immer wieder als *RAF*-Sympathisant betitelte Böll wehrt sich mit seinem Roman gegen die Verunglimpfung seiner Person. In dem Nachwort des vom ihm selbst als Pamphlet bezeichneten Textes bezieht er Stellung gegenüber der unge-

---

[60] Vgl. Tremel: Li-terror-isierung, S. 1121f.

heuerlichen Vorgehensweise der Presse und der damit verbundenen Hetzkampagnen. Die von Böll verfolgte Medienkritik macht dabei nicht nur deutlich, welche Eigeninteressen manche Zeitungen bei ihrer Berichterstattung verfolgen, sondern liefert gleichzeitig auch ein Motiv, das zur Erklärung von Gewaltanwendung gegenüber Personen herangezogen werden kann. Die Medien scheinen durch ihre eindimensionale Berichterstattung wiederum zur Verbreitung von terroristischem Gedankengut beizutragen. Selbst zehn Jahre nach Veröffentlichung seines Buches hat Böll noch mit den Vorwürfen eines „Terroristen-Romans" zu kämpfen. Er weist daraufhin, dass es *„in dieser Erzählung [...] nicht einen einzigen Terroristen, auch keine Terroristin (gibt); was es allerdings gibt, das sind des Terrorismus Verdächtige, [...]"*[61]. Ihm scheint es wichtig zu sein, schuldlose Verdächtigungen zu verhindern und Menschen vor Vorverurteilungen zu bewahren. Besondere Schuld sieht er dabei bei den Arbeitsmethoden der *BILD*-Zeitung, welche er in seinem Text nur die „ZEITUNG" nennt. Wert legt Böll auch auf den Untertitel „Wie Gewalt entstehen und wohin sie führen kann". Er impliziert damit eine Auseinandersetzung mit der Gewalt von Schlagzeilen und welche Wirkung sie auf die Betreffenden haben können. Eine weitere Besonderheit stellt das Motto des Pamphlets dar: *„Personen und Handlung dieser Erzählung sind frei erfunden. Sollten sich bei der Schilderung gewisser journalistischer Praktiken Ähnlichkeiten mit den Praktiken der Bild-Zeitung ergeben haben, so sind diese Ähnlichkeiten weder beabsichtigt noch zufällig,*

---

[61] Böll, Heinrich: Zehn Jahre später. Nachwort zur Neuausgabe: »Die verlorene Ehre der Katharina Blum«. URL: http://www.heinrich-boell.de/HeinrichBoellTextDesMonats.htm (Zugriff: 13.12.2011).

sondern unvermeidlich."[62] Heinrich Böll zeichnet ein äußerst negatives und kritisches Bild der Presse und stellt diese an den Pranger. Ihr gibt er die Schuld an der Verunglimpfung Katharinas und dem in diesem Zusammenhang begangenen Mord. Der Text konstruiert seine Kritik zum einen durch die Schilderung der unverhältnismäßigen Polizeimaßnahmen und zum anderen durch die Wiedergabe der vorzeitigen Verurteilung durch die ZEITUNG.

Speziell wegen der überspitzten Formulierungen gegen die Springer-Presse erfährt Böll eine Abwertung zum *„intellektuellen Helfershelfer der RAF"*[63]. Jegliche Kritik am Staat und deren Anti-Terrormaßnahmen war in den 1970er Jahren Tabu. Umso mehr Aufsehen erregte Böll mit seinem Pamphlet, in dem er sowohl die mediale als auch die staatliche Beteiligung an der Verleumdung *Katharinas* schildert. Die Texte dieser Zeit erwecken den Anschein, dass die Reaktion von staatlicher Seite auf den Terrorismus eine weitaus größere Gefahr für die deutsche Gesellschaft darstellte als die eigentlichen Aktionen der Roten Armee Fraktion.[64] Dies wird auch in dem Umstand deutlich, dass die RAF keine direkte Erwähnung findet, sondern nur durch indirekte Verweise – beispielsweise wird *Katharinas* Wohnung als *„Bandentreff, ein Waffenumschlagplatz"*[65] beschrieben – genannt wird.

Neu ist die Darstellung einer sympathischen Figur, die eine Gewalttat begangen haben soll. Katharina ist keine typische

---

62 Böll, Heinrich: Die verlorene Ehre der Katharina Blum oder wie Gewalt entstehen und wohin sie führen kann. Köln: Kiepenheuer & Witsch-Verl. 1974, S. 7.

63 Tremel: Li-terror-isierung, S. 1117.

64 Vgl. ebd., S. 1119.

65 Böll: Die verlorene Ehre der Katharina Blum oder wie Gewalt entstehen und wohin sie führen kann, S. 49.

Attentäterin, sondern wird erst durch die äußeren Umstände und die Verleumdungen zur Mörderin des sie bedrängenden Reporters. Böll rechtfertigt das Handeln *Katharinas*, indem er die Verfolgung durch Polizei, Presse und fremde Menschen detailgetreu nacherzählt. Sie ist eben nicht die Helferin eines Terroristen oder Mitglied einer terroristischen Gruppe, sondern eine einfache Haushälterin, die durch falsche Anschuldigungen zur „Terroristenbraut" stilisiert wird. Das Genre des terroristischen Romans und die literarische Auseinandersetzung mit dieser Epoche der deutschen Geschichte endeten jedoch nicht Mitte der 80er Jahre. Im Jahr 2005 erschien der Roman „In seiner frühen Kindheit ein Garten" von Christoph Hein, der sich derzeit auch im Kanon der zu lesenden Bücher des hessischen Kultusministeriums befindet[66] und zu heftigen Diskussionen innerhalb von Lehrerkollegien führte und noch führt. Die Rezensionen zeigen dementsprechend ein gemischtes Bild. Martin Lüdke beschreibt den Roman am 29.01.2005 in der *Frankfurter Rundschau* als eine *„Geschichte, die uns anrührt. Mehr noch – [...]Geschichte, die uns angeht."*[67]

Hein setzt sich in seinem Roman mit dem Tod des RAF-Terroristen *Wolfgang Grams* auseinander, der am 27. Juni 1993 auf den Bahngleisen des Bahnhofs Bad Kleinen unter nie völlig geklärten Umständen starb. Anlehnend an dieses Ereig-

---

[66] Bildungsserver Hessen: Abiturprüfung-Landesabitur. Deutsch. URL: http://lernarchiv.bildung.hessen.de/sek/deutsch/abitur/index.html (Zugriff: 13.12.2011).

[67] Lüdke, Martin: Ein Held aus dem Hause Hein. Zwischen Rechtsprechung und Rechtsgefühl: Christoph Heins neues Buch "In seiner frühen Kindheit ein Garten" ist nicht nur ein RAF-Roman. In: Frankfurter Rundschau am 29.1.2005. URL: http://www.lyrikwelt.de/rezensionen/inseinerfruehenkindheit-r.htm (Zugriff: 13.12.2011).

nis schildert er die Reaktion der Eltern des Getöteten. Der Vater *Richard Zurek*, ehemaliger Rektor eines Gymnasiums, versucht herauszufinden, wie sein Sohn zu Tode kam. Dabei kommt er in Konflikt mit der Gesellschaft, er steigert sich in die Sichtung des Materials und die Rehabilitierung des Sohnes. Auch innerhalb der Familie werden die Diskrepanzen deutlich: Die im Staatsdienst stehende Schwester konnte die linksextremistische Einstellung ihres Bruders noch nie gutheißen und kann auch jetzt den Kampf ihres Vaters nicht nachvollziehen. Der jüngere Bruder *Heiner* stellt sich auf die Seite des Bruders und versucht, wie sein Vater, die Wahrheit zu ergründen. Die Eltern versuchen, das Umfeld ihres Sohnes kennenzulernen und damit seine Beweggründe für den Gang in den Untergrund nachzuvollziehen. Ihr Anliegen ist es, den Ruf ihres Sohnes wiederherzustellen. *Richard Zurek* greift dabei auf die Unterstützung eines Anwalts zurück, der bereits mehrere Terrorverdächtige vor Gericht verteidigte, und begibt sich somit auf die Seite der Staatsgegner. Der Vater, der seinen geleisteten Amtseid niemals als rein formalen Akt verstand, sondern stets versuchte, seine Schüler von dem politischen System der Bundesrepublik zu überzeugen, gerät dabei immer stärker mit seinen eigenen Überzeugungen in Konflikt. Am Ende des Buches zeichnet Hein einen desillusionierten Mann, der sich vom Staat und seinen Organisationen verraten und hintergangen fühlt. Der Bericht der Staatsanwaltschaft besagt, dass *Oliver Zurek* nicht rechtswidrig von einem Polizisten getötet wurde. Der Kampf des Vaters scheint ohne Wirkung gewesen zu sein, weshalb er am Schluss des Romans seine Enttäuschung über das Vorgehen des Staates deutlich macht und seinen Amtseid widerruft. Zahlreiche Rezensionen des Romans beschäftigen sich mit der Thematik der Abkehr vom Staat und den Gründen für die Auseinandersetzung Heins mit einem solchen kontrovers diskutierten Thema.

Martin Lüdke sieht in der Beschäftigung mit dem brisanten Fall *Grams* ein Informationsdesaster, die Meldungen widersprechen sich und am Ende weiß in der Öffentlichkeit eigentlich keiner so richtig, was geschehen ist. Lüdke attestiert Christoph Hein ein Ohnmachts- und Rechtsverständnis, das in der heutigen Zeit zwingend zum Alltag gehört. Dabei lobt er aber das unnachgiebige Vorgehen des Vaters. In den *Nürnberger Nachrichten* vom 01.02.2005 zeichnet Wolf Scheller ein anderes Bild des Protagonisten. Für ihn stellt der Vater des getöteten Olivers eine eher schwache und enttäuschte Persönlichkeit dar.

„Dem geht es mal um das Ansehen seines Sohnes, dann um Gerechtigkeit - und ein anderes Mal um den Wunsch, diesem Staat und seiner Justiz, die er für befangen und ungerecht hält, gegen den Karren zu fahren. Die Person des verbissen sich durch den Presserummel und die Gerichtsakten kämpfenden alten Lehrers ist in ihrer Naivität glaubhaft und partiell auch sympathisch. Allerdings bekommt der Leser auch bald mit, dass es dem Vater in Wahrheit nur um sich selbst geht. Es ist seine Trauerarbeit, mit der er sich gegen Gott und die Welt stellt."[68]

Eine etwas andere Sicht der Dinge glaubt Roman Bucheli erkennen zu können. In seiner Rezension aus der *Neuen Züricher Zeitung* vom 01.02.2005 mit dem Titel „Die bleiernen Jahre als Rührstück. Christoph Hein schreibt einen RAF-Roman" skizziert er ein Bild, das typisch für die *RAF*-Romane nach 1997 ist. *„Indem Christoph Hein seine Erzählung vor*

---

[68] Scheller, Wolf: Ein alter Lehrer kämpft gegen Justiz und Staat. Der Fall des Terroristen Wolfgang Grams im Roman: „In seiner frühen Kindheit ein Garten" von Christoph Hein. In: Nürnberger Nachrichten vom 1.2.2005. URL: http://www.lyrikwelt.de/ rezensionen/inseinerfruehenkindheit-r.htm (Zugriff: 19.11.2011).

dem Jahr 2001 abbrechen lässt, vermeidet er außerdem die Konfrontation mit unbequemen Fakten. Da nämlich gelang den Behörden mit einer DNA-Analyse der Nachweis, dass Wolfgang Grams 1991 an der Ermordung von Karsten Rohwedder, dem damaligen Chef der Treuhand-Behörde, beteiligt gewesen sein dürfte. So trägt «In seiner frühen Kindheit ein Garten» wenig zur Durchleuchtung einer dunklen Epoche bei. Der Roman porträtiert die RAF-Terroristen als harmloses Grüppchen von Verführten, die es doch eigentlich gut gemeint hatten."[69] Diese Form der nostalgischen Romantisierung ist typisch für die literarische Auseinandersetzung mit der Thematik nach 1997. *„Diese limitierten literarischen Herangehensweisen an den Terrorismus zeigen, dass die deutsche Öffentlichkeit sich nur sehr selektiv an die RAF erinnern - oder sich diese vorstellen – möchte.“*[70]

Die durchweg positive Darstellung des Vaters und sein Streben zum Fürsprecher des Sohnes zu werden, scheint typisch für die Literatur dieser Zeit: *„Alle RAF-inspirierten Romane, die seit 1997 geschrieben wurden, [...], zeigen RAF-Mitglieder oder Sympathisanten entweder als sympathische Idealisten, die ein übermäßig aggressiver Staat während einer ansonsten spannenden Phase des politischen Aufbruchs persönlich zerstört hat, oder in Situationen, in denen diese wohlmeinenden Individuen Gewaltverbrechen zum Opfer gefallen sind.“*[71]

---

[69] Bucheli, Roman: Die bleiernen Jahre als Rührstück. Christoph Hein schreibt einen RAF-Roman. In: Neue Züricher Zeitung vom 1.2.2005. URL: http://www.lyrikwelt.de/rezensionen/ inseinerfruehenkindheit-r.htm (Zugriff: 13.12.2011).

[70] Tremel: Li-terror-isierung, S. 1154.

[71] Ebd., S. 1145.

Obwohl Hein keine wirklich klare Position zum Terror der *RAF* bezieht, wird ihm von zahlreichen Literaturkritikern vorgeworfen, dass das Buch einen zu engen Blick zuließe und zur Forcierung von Verschwörungstheorien führe. Nimmt Hein in seinem Werk zwar nicht eindeutig Stellung hinsichtlich des Terrors der *RAF*, so ist seine ablehnende Haltung gegenüber den Maßnahmen des deutschen Staates im Kampf gegen den Linksterrorismus deutlich zu erkennen. Der Vater sagt an einer Stelle: „*Wenn Oliver wirklich ein Terrorist geworden ist, so hat ihn der Staatsschutz dazu gemacht.*" [72] Es ist interessant, dass Heins Kritik am Vorgehen der BRD, sei sie nun gerechtfertigt oder nicht, an heutige Fragen erinnert, die man sich bei der Bekämpfung des angeblich eindeutig „islamistischen Terrors" stellen muss. Auch der Ansatz Bölls weist Parallelen zum heutigen Umgang mit Terror auf. Die Medien werden immer mehr zu einem Instrument – sowohl der Bekämpfung als auch der Verleumdung.

3.3.   Ausblick

Es ist festzuhalten, dass es in der deutschen Literatur eine starke Tradition bezüglich der Auseinandersetzung mit dem Terror gibt. Diese Tradition wirkt dabei durchaus auch in die Auseinandersetzung mit dem „neuen Terror" seit dem 11. September hinein, wie bei Christoph Peters „Ein Zimmer im Haus des Krieges" zu sehen sein wird. Hier wird eine Parallele zwischen dem Linksterrorismus der *RAF* in Deutschland mit dem „neuen Terror" durch die Figur *Cismars* gezogen. Der deutsche Botschafter wird als Alt-68er und Sympathisant der

---

[72]   Hein, Christoph: In seiner frühen Kindheit ein Garten. Frankfurt am Main: Suhrkamp-Verl. 2005, S. 224.

linken Bewegung geschildert. In seinen Gesprächen mit *Jochen Sawatzky* versucht *Claus Cismar*, diesen Trumpf auszuspielen. Allerdings bleibt sein Vorgehen ohne Erfolg, da der gläubige Jochen Sawatzky die Motive der *RAF* für nicht gefestigt genug ansieht. Allerdings zeigt sich in den Gedanken des Botschafters das typische Bild: „*Es mag zunächst paradox klingen, doch es ist so: Aus ihrer Sicht handeln die RAF-Mitglieder aus altruistischen Motiven. Also anders als gewöhnliche Kriminelle, die regelmäßig der Egoismus treibt. Nach ihrer Vorstellung kämpfen sie in erster Linie nicht für sich persönlich, sondern für andere Personen- einst waren dies die Arbeiter, die Menschen in der Dritten Welt, die Hausfrauen und die Heimkinder. Später rechtfertigte die RAF ihre Taten mit dem Schicksal ihrer inhaftierten Genossen.*“[73]

Der Vergleich dieser verschiedenen Formen von Terror hinkt allerdings. Besonders interessant zu beobachten ist, dass sowohl Hein als auch Peters ihre Protagonisten einer Entwicklung unterziehen, die chiastische Züge aufweist. *Richard Zurek* wandelt sich durch die Beschäftigung mit dem Tod seines Sohnes vom treuen Staatsdiener zu einem verbitterten und zweifelnden Kritiker. *Cismar* dagegen entstammt der 68er Generation. Er legt das radikale Gedankengut ab und begibt sich auf den gesellschaftlich honorierten Weg. Er wird Botschafter und steht somit für das System ein, das er früher ablehnte. Wie noch gezeigt werden wird, ist eine solche Herangehensweise, die Peters augenscheinlich zeigt, nicht für eine neue Phase des Terrorismus seit dem 11.09.2001 geeignet. Wie dicht und stark die gegenseitige Bezugnahme und Tradition in der deutschen Literatur bezüglich der Beschäftigung mit dem Terrorismus ist, kann recht gut an Heins Namenswahl

---

[73] Peters: RAF, S. 436.

für die Freundin von *Oliver Zurek* deutlich gemacht werden:
Sie heißt *Katharina Blum(enschläger)*.

4. Christoph Peters: „Ein Zimmer im Haus des Krieges"

4.1. Der Autor

Christoph Peters wurde am 11.10.1966 in Kalkar am Nieder-
rhein geboren. Nach seiner schulischen Ausbildung mit katho-
lischem Hintergrund besuchte Peters die Akademie der Bildenden Künste in Karlsruhe und studierte dort Malerei. Vor-
erst arbeitete er als Fluggastkontrolleur am Frankfurter Flug-
hafen, danach war er als Dozent der Poetik und Literatur an
der Universität Mainz beschäftigt. Heute lebt der Autor mit
seiner Familie in Berlin. Bekannt wurde er mit seinem 1999
erschienenen Roman „Stadt Land Fluß", seine schon 1996
veröffentlichte Erzählung „Heinrich Grewents Arbeit und
Liebe" war weitgehend ohne Resonanz geblieben. 2006 veröffentlichte Peters dann „Ein Zimmer im Haus des Krieges".
Seine möglichen Beweggründe: *„Was mich fasziniert, ist der
Gedanke, dass etwas Geistiges eine derartige Kraft haben
kann, dass man dafür sein Leben opfert – oder gegebenenfalls
auch dafür tötet."* Zu den Themen seiner Bücher gehören
Probleme der Identität, Selbstbilder von Menschen und deren
Bemühen, einen Platz in der als anonym und bedrohlich emp-
fundenen Umwelt zu finden. Peters hat sich für die Arbeit an
dem Roman zehn Jahre Zeit gelassen und sich ausführlich mit
der islamischen Kultur auseinandergesetzt. Für dessen Entstehung dürften seine längeren Aufenthalte in Ägypten von großer Bedeutung sein. Während seines Besuches bei Verwandten
verändert sich sein Bild von Ägypten und dem Islam. Peters
Blick verschiebt sich von dem eines Touristen hin zu einem
„Forscher". Er möchte mehr über die orientalische Kultur erfahren, die Hintergründe verstehen und sich seinen Vorurteilen
stellen. Der Autor besucht einige Moscheen, in der *„[...] Ah-*

nung, dass ich in diesem Typ Gotteshaus etwas finde, dass zu verstehen wichtig sei"[74].

In Peters bleibt ein zwiespältiges Verhältnis zur islamischen Religion: Einerseits ist er fasziniert von der Glaubensfestigkeit, dem Vertrauen und dem Umgang mit Religion. Auf der anderen Seite ärgern ihn die Selbsterniedrigung und die völlige Aufgabe im Glauben.[75] In den Gesprächen mit ägyptischen Freunden und Verwandten kommen sie immer wieder auf den im Land allgegenwärtigen Terror zu sprechen. Dabei fallen Peters Parallelen zum Denken um die RAF in seiner Kindheit auf. Zugleich ist er aber auch erstaunt, wie viele Ähnlichkeiten die ägyptischen Extremisten mit den deutschen 68ern haben. Durch die Erfahrungen während seines Ägyptenaufenthalts geprägt, versucht er sich in einem *„Entweder- und Denken"*[76] und schafft damit die Basis für seinen Roman „Ein Zimmer im Haus des Krieges".

4.2. Die Handlung des Romans

Jochen Sawatzky, ein arbeitsloser und drogensüchtiger Deutscher, sieht sich dem Problem der persönlichen Entwurzelung und Identitätsfindung gegenüber. Durch die Begegnung mit der jungen Ägypterin *Arua* konvertiert *Jochen* zum Islam, nennt sich *Abdallah* und wird Mitglied einer radikalen Terrororganisation. Die Erzählung setzt wenige Stunden vor dem geplanten Anschlag in Ägypten ein. Es werden die letzten

---

[74] Peters, Christoph: „Kairoer Aufklärung". In: Die Zeit vom 22.3.2010. URL: http://www.zeit.de/2010/10/ Kairo (Zugriff: 13.12.2011).

[75] Vgl. ebd.

[76] Ebd.

Stunden im Morgengrauen beschrieben, in dem die Terroristen aufbrechen, um möglichst viele Touristen zu töten. Die Gruppe islamistischer Terroristen plant 1993 einen blutigen Anschlag auf einen Tempel in Luxor, der jedoch aufgrund eines Verrats aus den eigenen Reihen scheitert. *„Der Plan sieht vor, daß die Attentäter sich zunächst zu Fuß, dann mit dem Auto und schließlich mit dem Motorboot dem strengbewachten Luxor nähern, mit Boden-Luft-Raketen die großen Tempelsäulen sprengen und zum Einsturz bringen und so den Tempel möglichst schwer beschädigen."*[77] Nach einem blutigen Gefecht mit ägyptischen Soldaten werden *Sawatzky* und noch zwei weitere Mitglieder der Gruppierung festgenommen. Der Deutsche fragt sich, ob sein Überleben den Mitkämpfern nicht als Zeichen des Verrats erscheinen muss und möchte lieber in Ägypten sterben als an das „gottlose" Deutschland ausgeliefert werden. Genau an diesem Punkt setzt der zweite Teil an, in dem *Cismar* den Protagonisten darstellt. Er besucht *Sawatzky* im Gefängnis und versucht eine Auslieferung und bessere Haftbedingungen für ihn zu erwirken. *Cismar* ist gewillt *Sawatzky* zum Einlenken zu bewegen und ihn damit vor Misshandlungen und der bevorstehenden Todesstrafe zu bewahren. Was zunächst reine Pflichterfüllung ist, entwickelt sich zu einem intensiven Gedankenaustausch, in dem der magenkranke Alt-68er versucht, die Beweggründe und Motive des deutschen Attentäters zu verstehen. Er fragt sich, warum jemand bereit ist, für seinen Glauben und seine Ideale, sein Leben und das anderer zu opfern. Sein rudimentäres Wissen über den Islam und die christlichen Kindheitserinnerungen ermöglichen ihm keine religiöse Diskussion auf Augenhöhe. Als ihm *Sawatzky* auf seine Frage, was eine religiöse Erfahrung sei, ant-

---

[77] Spiegel: „Du danke Gott, wenn er dich preßt".

wortet: „*Ich bin blind. Beschreiben sie mir Rot!*"[78], verlässt *Cismar* desillusioniert und von seinem Magengeschwür gequält das Gefängnis. War er früher selbst in der Studentenbewegung aktiv gewesen und hatte mit der RAF sympathisiert, so erkennt er nun, dass er seine Ideale aus beruflichen Gründen verraten und sich mit den unbefriedigenden politischen und privaten Verhältnissen abgefunden hat. Eine kleine Ausbruchstendenz lässt sich in seiner Affäre mit *Françoise* erkennen, die allerdings seinem Bestreben nicht gerecht wird. So erklärt sich auch die Faszination, welche für ihn von dem überzeugten Islamisten *Abdallah* ausgeht. Umso größer wiegt die Niederlage *Cismars,* den Inhaftierten letztlich nicht davon überzeugen zu können, seine Ideale ebenso zu verraten. Stattdessen muss er mit ansehen, wie *Sawatzky* lieber den Tod in Kauf nimmt, um bei seinen Brüdern und Schwestern des Islam in Ägypten begraben zu werden.[79] Am Ende wird *Jochen Abdallah Sawatzky* hingerichtet und *Claus Cismar* verlässt die deutsche Botschaft in Ägypten.

Der Roman von Christoph Peters ist in zwei Teile gegliedert und beginnt furios mit Maschinengewehren, Angst und Schweiß. Das Buch zeigt eine polyperspektivische Erzählstruktur, die sich auch in ihrer Erzählzeit und der Berichtform unterscheidet. Im ersten Teil berichtet der deutsche Terrorist *Jochen Sawatzky* aus der Ich-Perspektive über seine Situation und lässt den Leser an seinen Gedanken und Ängsten teilhaben. Der zweite Teil wird aus auktorialer Perspektive geschildert, in dem Peters den deutschen Botschafter *Claus Cismar* in den Mittelpunkt des Geschehens stellt. Hier bestimmt dieser das Tempo und berichtet mittels authentisch wirkender Mittei-

---

[78] Peters, Christoph: Ein Zimmer im Haus des Krieges. München: btb-Verl. 2008, S. 252.

[79] Ebd., S. 82.

lungen an das Auswärtige Amt. Die Erzählzeit *Cismars* ist an seine Person angepasst. Der Bericht wirkt träge, teilweise unzufrieden und unentschlossen. Kennzeichnend für den zweiten Buchteil sind die Gesprächssituationen zwischen *Sawatzky* und *Cismar*. Diese stellen eine Metadiskussion dar, die die Leben der beiden Beteiligten verbinden. In den Unterhaltungen lernen sie die Lebenssituation und Überzeugungen des jeweils anderen kennen, ohne diese jedoch zu verstehen. Beide Protagonisten liefern Rückblicke auf ihre Vergangenheit, die ihr gegenwärtiges Vorgehen und ihre Taten erklären sollen. Zwischen den Teilen des Buches scheint ein formaler Bruch zu bestehen, der die konträren, sich aber auch teilweise überschneidenden Konzeptionen stilistisch untermauert. Es ist die Begegnung zweier Konzepte – hier der aggressive Islamismus, dort das aufgeklärte Bürgertum, hier jugendliche Bedingungslosigkeit, dort das Arrangieren mit der normativen Kraft des Faktischen. Die dramaturgisch effektvolle Gegenüberstellung von Täter- und Beobachterperspektive ermöglicht verschiedene Blickwinkel auf einen Attentäter. Neben der Beschreibung von Aktion und Reflexion findet sich eine vielschichtige Bewertung. Fremdzuschreibung und Selbstzuschreibung gehen dabei miteinander einher.

Der Roman lässt sich nur schwer in eine Gattung einordnen. Es finden sich Elemente des Emanzipations- und Entwicklungsromans, aber auch Anzeichen des politischen Romans sind erkennbar beispielsweise klingt die Kritik an der Politik des ägyptischen Präsidenten Mubaraks an. Außerdem lässt sich die Beziehung zwischen *Arua* und *Jochen* als Teil eines Liebesromans verstehen.

4.3. Der Attentäter Jochen [Abdallah] Sawatzky

Auch wenn es in dem Roman von Christoph Peters letztlich nicht zum Attentat kommt, gilt *Jochen Sawatzky* als Terrorist, der im ägyptischen Hochsicherheitstrakt gefangen gehalten wird. Im Folgenden soll das von dem Erzähler entwickelte Attentäterbild untersucht werden. Die Einführung der Figur des *Jochen Sawatzky* erfolgt *in medias res*. *Sawatzky* wacht auf, noch von den Erinnerungen an einen Traum gefesselt, er beschreibt, was er um sich herum sieht. Dann die erste Koransure: *„Er ist Gott, der Eine./ Gott, der Undurchdringliche./ Er zeugt nicht und ward nicht gezeugt/ und da ist keiner, der Ihm gleicht.“*[80] *Sawatzky* versucht sich durch Gebete zu beruhigen, doch es gelingt ihm nicht, seine Angst zu unterdrücken. Gedankenfetzen aus seiner Vergangenheit kreisen in seinem Kopf umher, er denkt an *Arua* und seine Mutter. Unterbrochen wird er durch das Klingeln des Weckers: *„[...] der Tag, auf den wir hingelebt haben[...].“*[81] Jetzt beginnt der Marsch. Der Leser erfährt etwas über die Gedanken *Abdallahs*, über die Gruppe mit der er reist und deren Dynamik. Einen gewissen Stolz empfindet der Ich-Erzähler darüber, alleine zu Gott gefunden zu haben und nicht in der Religion des Islam aufgewachsen zu sein. Er hat die Ruhe und Zufriedenheit in Gott gefunden.[82] Trotzdem schlägt ihm von Seiten seines Mitverschwörers *El Choli* immer noch Misstrauen entgegen, da er den Deutschen als nicht würdig und als eine Gefahr ansieht. Die Versuche *Sawatzkys* in den Wochen zuvor, das Vertrauen *El Cholis* zu gewinnen, scheiterten, sodass zwischen den beiden Mitgliedern der Terrorgruppe die wohl größte Distanz

---

[80] Peters: Ein Zimmer im Haus des Krieges, S. 12.

[81] Vgl. ebd., S. 12.

[82] Vgl. ebd., S. 16.

besteht. Deutlich wird dies neben der räumlichen Distanzierung am Umgang miteinander. Der im Kampf erprobte *El Choli* beäugt jeden Schritt *Sawatzkys* misstrauisch und wittert in dessen unsicherer Langsamkeit Schwäche und Verrat. Als sich *Jochen* mit *Karim* auf Deutsch unterhält, reagiert er ungehalten. *Jochen Sawatzky* fühlt sich vom Hass *El Cholis* verfolgt und fürchtet diesen sogar mehr als die Waffen der Feinde.[83] Er glaubt, dessen Anerkennung erst im Tode zu finden. Mit dem Rest der Gruppe versteht sich *Jochen* gut.

Besondere Bedeutung kommt dabei *Samir* zu, der für *Sawatzky* als Vorbild fungiert. Er bewundert dessen auf das Ziel gerichtete Bewegungen und seine Stärke im Glauben. *Samir* lebt nach dem Beispiel des Propheten und bildet damit den Halt für die Gruppenmitglieder. In seiner Nähe spürt *Jochen* Gott, erkennt aber auch seine verführerischen Gedanken: *„Statt meine Gedanken zu sammeln, auf den Einsatz zu konzentrieren, einen Vers im Rhythmus der Schritte zu beten, bis er alle Fasern des Körpers durchdringt, wird mein Geist vom Durcheinander der Ungläubigen beherrscht."* [84] In solchen Momenten wird ihm bewusst, dass er sich besonders beweisen und sich selbst immer wieder im Glauben bestärken muss. Deutlich wird das in schwierigen Situationen, in denen *Jochen* sich Gottes Anwesenheit ins Gedächtnis ruft.[85] Immer wieder wiederholt er Sätze wie *„So Gott will"*[86], *„Gepriesen sei Gott"*, *„Mit Gottes Hilfe"*[87] und *„Gott ist größer"*. Er sagt sich selbst immer wieder, dass sie siegen werden, weil sie aus den richti-

---

[83] Peters: Ein Zimmer im Haus des Krieges, S. 22.

[84] Ebd., S. 27.

[85] Ebd., S. 78: *„Mein Glaube ist stark-gefesselt, bepißt, blind. Ich weiß, warum ich tue, was ich tue.".*

[86] Ebd., S. 21 und 59.

[87] Ebd., S. 49.

gen Beweggründen handeln: nicht vom Streben nach materiellen Gütern angetrieben, sondern als Krieger im Auftrag Gottes für die Errichtung einer Glaubensherrschaft. Deshalb braucht er auch den Tod nicht zu fürchten, er sieht den Märtyrertod als höchste Auszeichnung für einen Gläubigen.[88] In diesem Zusammenhang fällt ihm eine Anekdote aus seiner Kindheit ein, die sein heutiges Leben mit seinem früheren verbindet. *„»Was willst Du werden?« hat mein Großvater gefragt. Ich war ein Kind, sieben oder acht und habe geantwortet: »Märtyrer.«"*[89] Zwar wusste er im Kindesalter noch nichts von seinem Werdegang, doch scheint ihm diese Szene bezeichnend. Er sieht den Tod als Geschenk an und ist bereit für Gott zu sterben. Im Tod sieht er den Weg ins Paradies.

Schon vor seiner Konversion beschäftigte sich *Sawatzky* mit dem Thema Religion. Er interessierte sich für den Buddhismus und indianische Kulte, um die Leerstelle des kleinbürgerlichen Katholizismus seiner Kindheit auszufüllen.[90] Im Islam hat *Abdallah* seine Ruhe gefunden, er konnte seine Suche beenden. Zuerst verstand er nichts. Jedoch durch die Begegnung mit *Arua* und seiner Liebe zu ihr ist *Jochen* dem Islam nahe gekommen und hat sich für diesen Weg des Glaubens entschieden. Er selbst sagt sich, dass *Arua* für ihn eine Art Botin war, sie hat ihm Arabisch beigebracht und ihm den Koran geschenkt. *„Sie war Anlaß, nicht der Grund. Liebe zu einer Frau als Beginn für das Ende der Suche."*[91] *Arua* wollte seinen Weg des Glaubens nicht weitergehen. Aber *Jochen* ist sich seiner Sache sicher, er weiß, im vollständigen Vertrauen

---

[88] Vgl. Peters: Ein Zimmer im Haus des Krieges, S. 58.
[89] Ebd., S. 77.
[90] Vgl. ebd., S. 190.
[91] Ebd., S. 77.

auf Gott stellt sich Freiheit ein.[92] Er fühlt sich als ein Werkzeug Gottes, im Islam findet er Halt und Rettung. Die Idee, die hinter dem Terroranschlag steht, ist eigentlich ganz einfach: Domino-Theorie: *„Wenn Luxor als größte Touristenattraktion erst einmal zerstört ist, werden die Fremden und mit ihnen die wichtigen Deviseneinnahmen im ganzen Land ausbleiben, und über kurz oder lang wird die Regierung Mubarak die unzufriedenen und hungernden Massen nicht mehr befriedigen können. Das Volk, geführt und angeheizt von Agitatoren, wird sich erheben, und dann, so das Kalkül, schlägt die Stunde der Islamisten. Ein charismatischer Scheich, der sich in Afghanistan bereithält, wird in Ägypten einen Gottesstaat errichten, der als leuchtendes Vorbild wirken wird, bis die ganze islamische Welt im Kalifat vereinigt ist."*[93]

Viele Ägypter vertreten die kritische Auffassung von der Politik Mubaraks, allerdings scheint ihnen das Vorgehen der Islamisten ebenfalls zu missfallen. Deutlich wird dies im Gespräch des Botschafters mit seinem Fahrer.[94] *Abdallah* sieht einen kennzeichnenden Unterschied zwischen sich und den ägyptischen Soldaten, die die Terrorgruppe in einen Hinterhalt gelockt haben: *„Die Soldaten sind nicht frei. Sie haben etwas zu verlieren. Sie haben Angst. Deshalb schlagen wir sie."*[95]. Durch Gottes Unterstützung wird es den Islamisten gelingen, ihre Pläne und Überzeugungen durchzusetzen, denn die Mitglieder der Gama´a islamiyya (Islamischer Dschihad) verteidigen das Haus des Islam gegen die kapitalistischen Einflüsse Amerikas und des Rests der Welt. *Sawatzky* ist in der islamis-

---

[92] Peters: Ein Zimmer im Haus des Krieges, S. 80: *„Wenn ich eine zweite Chance bekäme, würde ich alles genauso machen."*.

[93] Spiegel: „Du danke Gott, wenn er dich preßt".

[94] Peters: Ein Zimmer im Haus des Krieges, S. 99.

[95] Ebd., S. 66.

tischen Auffassung schon soweit gefestigt, dass er zwar noch Recht von Unrecht unterscheiden kann, doch „*[m]anchmal ist man gezwungen, Schlechtes zu tun, um dem Guten zum Sieg zu verhelfen.*"[96] Er weiß, dass durch seinen Anschlag viele Menschen ihr Leben lassen müssen, das interessiert ihn allerdings nicht mehr.[97] Ihm ist klar, dass es im Krieg Opfer gibt, er hat sich dazu bereit erklärt. Dies zeigt sowohl seine persönliche Opferbereitschaft als auch die anderen gegenüber. „*Abdallah ist nur noch Ziel, nur noch Konsequenz, Opferbereitschaft, Hingabe, Kompromißlosigkeit. Jeder Gedanke, der etwas anderes besagen könnte, wird ebenso schnell mit einer Koransure aus dem Hirn gepeitscht, wie Jesus die Geldwechsler aus dem Tempel getrieben hat.*"[98] Im Krieg der Bilder ist nicht die Anzahl der Toten entscheidend, sondern welchen Eindruck die Bilder hinterlassen, die nach außen gelangen.[99]

4.4. Jochen Sawatzky in der Beurteilung seiner Umwelt

Als der deutsche Botschafter von der Verwicklung *Sawatzkys* in dem missglückten Attentat erfährt, fühlt er eine innere Unruhe. Das Schicksal des Fremden beschäftigt ihn mehr als nötig, sein Interesse geht über seine diplomatischen Verpflichtungen hinaus. „*Sawatzky reißt eine Wunde auf, die fast verheilt war.*"[100] Die Gespräche erinnern ihn an seine eigenen jugendlichen Ideale und was heute aus ihnen geworden ist.

---

[96] Peters: Ein Zimmer im Haus des Krieges, S. 56.
[97] Vgl. ebd., S. 15.
[98] Spiegel: „Du danke Gott, wenn er dich preßt".
[99] Vgl. Peters: Ein Zimmer im Haus des Krieges, S. 47.
[100] Ebd., S. 93.

Cismar hat seine früheren Überzeugungen begraben, umso faszinierender wirkt daher der junge Deutsche mit seiner Überzeugung vom islamischen Glauben.

Zunächst begegnet *Cismar Jochen Sawatzky* mit Vorurteilen. Er kennt nur die Akte des straffällig gewordenen Drogenabhängigen und geht mit seinem daraus gebildeten Urteil in die Unterhaltung. Für ihn steht die Frage nach dem Warum im Mittelpunkt: Was veranlasst einen jungen Deutschen sich einer Terrorzelle anzuschließen und sein Leben und das vieler anderer zu vernichten? Diese Frage durchzieht das gesamte Buch.[101] Bereits auf den ersten Seiten des zweiten Teils tritt die Warum-Frage in den Vordergrund. Obwohl er den Inhaftierten noch nicht getroffen hat, macht sich *Cismar* bereits ein Bild von ihm, spricht mit ihm im Traum und verurteilt ihn so bereits im Vorhinein: *„Wahrscheinlich hat Sawatzky tatsächlich zur Gama´a islamiyya oder zum Dschihad gehört.“*[102] Mit seinem Handeln verstößt *Sawatzky* gegen die Überzeugungen des Botschafters, der sieht in ihm einen Unruhestifter, der die jahrelange diplomatische Arbeit untergräbt.[103] Er bezeichnet ihn sogar als einen Irren.[104] Allerdings sieht er die Schuld nicht unbedingt bei ihm selbst, sondern vielmehr in der Verführbarkeit seiner schwachen Persönlichkeit. *Cismar* stellt sich vor, dass *Sawatzky* einer „Gehirnwäsche“ unterzogen wurde und deshalb leicht von Islamisten beeinflussbar sei. Er redet sich ein, dass es ihm gelingt, *Sawatzkys* Gedankenkonstrukte bin-

---

[101] Peters: Ein Zimmer im Haus des Krieges, S. 95: *„Weshalb faßt ein 30jähriger Mann aus Deutschland den Entschluß, sich einer ägyptischen Terrororganisation anzuschließen?“*, weiter: S.101, S.103, S. 119, S. 248.

[102] Ebd., S. 97.

[103] Vgl. ebd., S. 94.

[104] Vgl. ebd., S. 99.

nen Minuten zusammenstürzen zu lassen, dass der Gefangene nur auf seine Rettung hofft und ihm deshalb bereitwillig seine Motive darlegen werde.[105] Allerdings werden *Cismars* Hoffnungen schon beim ersten Aufeinandertreffen zerstört. Im Gegensatz zu seiner Vorstellung begegnet ihm der deutsche Terrorist spöttisch, lächelt arrogant, selbstgewiss und grinst den Botschafter frech an. *Sawatzky* zeigt keinerlei emotionale Reaktion auf die Worte *Cismars*, sondern reagiert, nach dessen Meinung, mit hohlen Phrasen und eingetrichterten religiösen Ansichten. „*Was soll ich gestehen?- Daß ich an Gott glaube und seinem Wort folge?*" Darauf erwidert *Cismar*: „*Gott ist keine Grundlage für politisches Handeln und bestimmt keine Rechtfertigung für Verbrechen.*"[106] *Sawatzkys* Überzeugung lässt sich nicht mit der rationalen Herangehensweise des deutschen Botschafters und seinem profanen Wertekatalog vereinbaren. Durch Bezugnahme auf seine eigene Vergangenheit als Anhänger der Studentenbewegung versucht *Cismar*, das Vertrauen des Häftlings zu gewinnen und ihm so Informationen zu entlocken. Im Gegensatz zu ihm sieht *Sawatzky* darin jedoch keine Gemeinsamkeiten, sondern wirft ihm sogar vor, dass es ihnen nur um materialistische Veränderungen ging. Nicht nur in ihrer Zielsetzung unterscheiden sich die beiden „Terrorgruppen", sondern auch schon in ihrer Generation. Schon durch die Verschiedenheit der Umstände und der weiteren bestimmenden Faktoren ist ein Vergleich nur oberflächlich möglich. Die radikalen Vorstellungen *Jochens* zeigen Wirkung auf den Deutschen, er beneidet ihn „*[...] um seinen scheinbaren Gleichmut, um seine wahnwitzige Entschlossenheit.*"[107]

---

[105] Vgl. Peters: Ein Zimmer im Haus des Krieges, S. 129.
[106] Ebd., S. 133.
[107] Ebd., S. 142.

64

Trotzdem hält er ihn immer noch für einen armen Irren, der sich durch eine verworrene Geschichte dem Islam zugewandt hat und zum Kämpfer des Dschihad geworden ist. Ihm ist klar, dass er ihm nicht helfen kann, solange er jegliche Unterstützung aus Stolz ablehnt. Seine Versuche, *Sawatzky* zu verunsichern und ihm seine eigene Wankelmütigkeit einzureden, schlagen fehl.[108] Die Gespräche der beiden sind von einer Grundneugier *Cismars* geprägt, der immer wieder von den Ansichten und Argumenten des Attentäters überrascht ist. Trotzdem bleibt der Botschafter bei seiner Meinung: „»*Religion ist kollektive Paranoia, [...] die von ihren Führern in Zaum gehalten wird, kurz bevor der Gläubige über den Rand der Erde, die eine Scheibe ist, ins Nichts fällt.*«"[109] Obwohl der Botschafter die Beweggründe *Sawatzkys* nicht verstehen kann, ist er fasziniert von ihm. Bei seinem letzten, eher privaten, Besuch schenkt er ihm sogar seinen Füller, den er als sehr persönlichen Gegenstand kennzeichnet. Durch diese Übergabe scheint *Cismar* dem Inhaftierten einen Teil von sich zu schenken und ihm so seine Bewunderung auszudrücken. Sehr treffend beschreibt *Abdallah* den Unterschied zwischen den beiden Protagonisten: „*Der Unterschied zwischen Ihnen und mir ist, daß ich weiß, was ich tun muß, und das dann auch tue.*"[110] *Claus Cismar* fehlt die Konsequenz in seinen Taten, was vielleicht die Faszination *Sawatzkys* auf ihn erklärt.

Die Umwelt des Botschafters wiederum kann nicht verstehen, warum dieser den Gefangenen alleine besucht und welchen Zweck eine Auslieferung nach Deutschland haben soll. „*Sollen sie das Arschloch doch aufhängen, aber bitte schnell,*

---

[108] Vgl. Peters: Ein Zimmer im Haus des Krieges, S. 236, S. 242.
[109] Ebd., S. 246.
[110] Ebd., S. 306.

dann sind wir ihn los!"[111] Auch seine koptische Sekretärin und die Kollegen in der Botschaft können ihre Meinung über den Terroristen *Sawatzky* kaum noch zurückhalten und machen ihrem Unmut Luft. Dies führt allerdings auch zu Unstimmigkeiten im Verhältnis *Cismars* und seiner Umgebung. Ein ähnliches Bild zeigt sich auch in den deutschen Medien, in denen *Sawatzky* verteufelt wird. Er wird zur Hassfigur deutscher Schlagzeilen, verliert also die Unterstützung und den Schutz seines Heimatlandes.

Peters inszeniert einen interkulturellen Dialog, in dem divergierende Biographien, Weltanschauungen und politische Semantiken aufeinander treffen, die aber nicht argumentativ ausgehandelt werden.[112]

4.5.   Jochen [Abdallah] Sawatzky als typischer Attentäter?

Jochen Sawatzky ist kein typischer Selbstmordattentäter, der sich mit einem Sprengstoffgürtel in die Luft sprengt. Zwar würde er den Tod im Namen Allahs in Kauf nehmen und er ist sich bewusst, dass es keinen Fluchtplan nach der Anbringung der Bomben am Tempel gibt, aber trotzdem scheint er zu hoffen, das Attentat zu überleben. Allerdings lehnt er das Weiterleben im „kapitalistischen und gottlosen Deutschland" ab. Schon seine westliche Herkunft macht *Sawatzky* zu einem besonderen Attentäter. Er kann nicht auf die lebenslange islamische Erziehung zurückgreifen, wie sie die anderen Mitglieder seiner Gruppe erlebt haben. Er hat allein, bzw. durch *Arua*

---

[111] Peters: Ein Zimmer im Haus des Krieges, S. 209.
[112] Vgl. Kaulen: „Heilige Krieger". Fundamentalistische Gewalt im Spiegel der Gesellschaft.

zum Islam gefunden. Eine religiöse Erfahrung öffnete ihm die Augen, er erkennt die Stärke und Kraft, die für ihn im Islam liegt, und schließt sich der für ihn neuen Glaubensrichtung an. Mit Unterstützung *Aruas* und seiner Glaubensbrüder gelingt dem drogensüchtigen Deutschen die Konversion. Wie *Cismar* treffend bemerkt: *„Mit Hilfe des Islam und guter Freunde ist es Ihnen gelungen...[...]... haben Sie es geschafft, Ihre Sucht zu besiegen.“*[113] Seine Herkunft stellt zum einen die Frage nach dem Warum in den Raum. Andererseits wirkt *Sawatzkys* Biographie auch prädestiniert für das Schicksal eines Märtyrers. In seiner Zeit in Deutschland schien sein Leben verwirkt, er sah keine Perspektive, keine Möglichkeit von den Drogen wegzukommen. Im Islam fand er den Halt, er fühlte sich verstanden. Daher schien es ihm nur mehr als gerecht, den Weg des Glaubens zu gehen und sich für seine Überzeugungen und für Gott zu opfern. Er folgte dem Beispiel zahlreicher Märtyrer und reihte sich damit in die Genealogie der Märtyrerkultur ein. Allerdings konnte er sein Ziel nicht vollends erreichen, weil der Anschlag vereitelt wurde und er so nur indirekt im Namen Allahs durch den Strick der ägyptischen Behörden den Tod fand.

In der Forschung werden vier Motivationskategorien für einen Anschlag genannt: An erster Stelle steht die politische Motivation, die auch in der Terrorgruppe um *Sawatzky* die ausschlaggebende Rolle spielt. Den Attentätern geht es darum, die Regierung Ägyptens zu stürzen und ein System nach ihren eigenen Vorstellungen aufzubauen. Die zweite Motivationskategorie bildet die spirituelle Motivation, in der der Religion die Schlüsselposition zukommt. Diese ist bei *Abdallah* der Stützpfeiler seines Einsatzes. Durch die Überzeugung für Allah und für die Errichtung eines Gottesstaates zu kämpfen, werden die

---

[113] Peters: Ein Zimmer im Haus des Krieges, S. 247.

Aktionen der Terrorgruppe legitimiert. In ihrer Idee vom politischen Umsturz sehen sie die Begründung für ihr gewaltsames und menschenverachtendes Vorgehen. Die dritte Kategorie beinhaltet sonstige kognitive Motivationen, welche Hand in Hand mit der vierten Kategorie, dem unüberlegten Handeln, gehen.[114] Auch im Roman nimmt die politische Motivation eine übergeordnete Stellung ein, weil sie den Anschlag kanalisiert und inhaltlich bestimmt. Ähnlich wie in der medialen Darstellung, die die religiösen Auffassungen oft als alleinige Ursache für Terroranschläge darstellt, ist auch bei Peters die Bedeutung des Islam unverkennbar. Allerdings scheint *Sawatzkys* Motivation von der der anderen Gruppenmitglieder abzuweichen, da für ihn die Religion der ausschlaggebende Faktor ist.

Zwar herrscht in der Forschung ein Bild eines typischen (Selbstmord-)Attentäters vor. *„Nach ihren Vorstellungen war dieser männlich, gewöhnlich zwischen 18 und 27 Jahre alt, nicht verheiratet, arbeitslos, sozial schwach, devot und islamisch-fundamentalistisch eingestellt. Er stammte aus einem zerrütteten Elternhaus und war direkt oder indirekt über Angehörige oder Freunde von der Gewalt der [...] Staatsmacht betroffen.“*[115] Im Wesentlichen trifft die Beschreibung auf Sawatzky zu, jedoch unterscheiden ihn davon seine deutsche Herkunft und die damit verbundene Distanz zu Ägypten und der dortigen Politik. Dass er sich trotzdem der Terrorgruppe anschließt, zeugt von seiner religiösen Überzeugung, der Aufforderung Allahs zu folgen und in den „Krieg" zu ziehen.

---

[114] Vgl. Schneiders, Thorsten Gerald.: Heute sprenge ich mich in die Luft - Suizidanschläge im israelisch-palästinensischen Konflikt. Ein wissenschaftlicher Beitrag zur Frage des Warum. Berlin: Lit-Verl. 2006, S. 150.

[115] Ebd., S. 141.

Kennzeichnend für die Attentäterdarstellung in Peters Roman sind die Parallelen zum Terror der RAF. Durch die Darstellung des Botschafters als ehemaligen Sympathisanten der RAF werden dem Leser die Ähnlichkeiten im Vorgehen des islamistischen Dschihad und der Roten Armee Fraktion vor Augen geführt. Besonders deutlich wird dies in Momenten der Rückerinnerung *Cismars*, in denen er die Parolen und Ideen seiner Jugend zitiert. Dies schließt an die Zitation der Koransuren vonseiten *Sawatzkys* an. Beide müssen sich ihre Überzeugungen immer wieder ins Gedächtnis rufen. *Cismar* versucht durch eine „ähnliche" Vergangenheit eine Brücke zu schlagen, was von dem Inhaftierten allerdings als Fehlinterpretation abgetan wird. [116] Ähnlich wie die Bewegung des Dschihad reagiert die RAF auf Missstände und ihr angetanes Unrecht. Durch das Überschreiten einer Schwelle sei es zum Terror gekommen, *„[...] die Legitimation des eigenen Handelns wurde aus der Beschwörung von Opfern eines Systems, [...] abgeleitet"*[117]. Dem Erzähler gelingt es nicht, trotz des Verweises auf die Parallelität der Strömung, die Frage nach dem Warum zu beantworten. Die Beweggründe des islamistischen Terrors werden durch die Einordnung einer bekannten Entwicklung in der deutschen Geschichte nicht nachvollziehbarer.

---

[116] Peters: Ein Zimmer im Haus des Krieges, S. 139: *„Die 68er Bewegung hat nichts mit uns gemeinsam. Ihre Vorstellungen waren genauso materialistisch wie die des Staates. Sie haben ein paar richtige Fragen gestellt, aber ihre Antworten waren dumm und falsch. Es ging lediglich um eine andere Verteilung von Macht und Besitz."*.

[117] Pfitsch, Andreas: Kommando Holger Meins- zur Serienstruktur der RAF-Aktionen. In: Weigel, Sigrid (Hrsg.): Märtyrer-Porträts. Von Opfertod, Blutzeugen und heiligen Kriegern. München: Fink-Verl. 2007, S. 108.

4.6. Reaktionen auf den Roman

Mit seinen anschaulichen und detaillierten Landschaftsdarstellungen gelingt es Peters, seine Erfahrungen und Besuche in Ägypten lebendig werden zu lassen. Im Gegensatz dazu wirken die Personenbeschreibungen äußerst stereotyp. *Sawatzky* verliert durch das *„Vorleben von der Stange"* an Glaubwürdigkeit. Der Erzähler arbeitet mit Klischees, die er aufeinandertreffen lässt. *Cismar* fungiert dabei als Antagonist, der von seinem Leben enttäuscht ist, der die Frage nach dem Warum stellt und sich von der von Sawatzky ausgehenden Faszination fesseln lässt. *„Peters präsentiert uns einen Terroristen im geistigen Endstadium, den er seziert, um herauszufinden, wie die Mechanismen absoluter Glaubensgewißheit funktionieren."*[118] Dabei wirkt der Bruch zwischen seinen beiden Erzählteilen besonders hart. Von der thrillerartigen Erzählung des ersten Teils zum langsam dahintrottenden Bericht des Botschafters. Peters gelingt es leider nicht, die Faszinationskraft, die *Sawatzky* auf *Cismar* hat, psychologisch plausibel zu machen. Dem Leser bleibt verborgen, warum es den deutschen Botschafter immer wieder in die Gespräche mit dem Terroristen treibt, in denen es ihm nicht gelingt, diese zu lenken.[119] Schon mit Blick auf die Ausführlichkeit der Darstellung zeigt sich eine Tendenz in der Beschreibung. Für die Selbstdarstellung *Sawatzkys* im ersten Teil nutzt der Erzähler knapp achtzig Seiten, wohingegen der folgende Teil aus ungefähr 230 Seiten besteht. Damit wird *Claus Cismar* zum *„[...] personifizierte[n] Klischee des Romans: das Klischee, das die Gottvollen*

---

[118] Spiegel: „Du danke Gott, wenn er dich preßt".
[119] Vgl. Meller, Marius: Ich bin blind. Beschreiben Sie mir Rot!. In: Die Tageszeitung vom 4.10.2006. URL: http://www.tagesspiegel. de/kultur/ich-bin-blind-beschreiben-sie-mir-rot/759006.html (Zugriff: 13.12.2011).

70

von den Gottleeren haben, die explosiven Menschen von den Bürgerlichen."[120] Die Thematik des Attentäters tritt dabei in den Hintergrund. Die Ansichten *Abdallahs* wirken schematisch, wie aus dem Lehrbuch. Auch Kessler unterstellt Peters schablonenhafte Darstellung, die eine tief gehende Auseinandersetzung mit der Frage nach dem Warum und der Inhaltsleere der westlichen Gesellschaft unmöglich macht.[121] Weiterhin werfen Rezensenten dem Autor vor, dass er die Geschichte der Konversion nicht wirklich erzählt, sondern dass es ihm nur mit der Schilderung des darauffolgenden Geschehens überhaupt nicht möglich ist, die Beweggründe *Sawatzkys* hinreichend zu beleuchten.

Die Bewertungen des Romans bieten neben der kritischen Betrachtung auch einige positive Stellungnahmen. So lobt Hilal Sezgin die Darstellung Peters bezüglich des Islams und der Lage in Ägypten. Besonders der Gegenentwurf der islamischen Religion zum Kapitalismus fesselt die Rezensentin.[122]

---

[120] Vgl. Meller: Ich bin blind.

[121] Vgl. Kessler, Florian: Rezensionsnotiz zu Peters: Ein Zimmer im Haus des Krieges. In: Frankfurter Rundschau vom 6.12.2006. URL: http://www.perlentaucher.de/buch/25049.html (Zugriff: 13.12.2011).

[122] Vgl. Sezgin, Hilal: Rezensionsnotiz zu Peters: Ein Zimmer im Haus des Krieges. In: Die Zeit vom 9.11.2006. URL: http://www.perlentaucher.de/buch/24961.html (Zugriff: 13.12.2011).

4.7. Zwischenfazit

Mit seinem Roman „Ein Zimmer im Haus des Krieges" liefert
Christoph Peters eine neue Sicht auf den Terrorismus in Ägypten. In seiner Darstellung lehnt er sich an die 1993 tatsächlich
stattgefundenen Anschläge an. Durch seine persönlichen Erfahrungen in Ägypten und seine besondere Bindung an das
Land entwirft Peters ein facettenreiches Bild der Terrorgruppe
und insbesondere des Attentäters *Sawatzky*. Dessen Beschreibung wirkt auf das typische Attentäterprofil angepasst. Einzig
seine deutsche Herkunft scheint nicht ins Bild zu passen. Mit
Jochen als deutschen Staatsangehörigen und der Darstellung
des Aufeinandertreffens von deutschem Botschafter und Inhaf-
tiertem versucht Peters, eine Brücke zu schlagen. Verdeutlicht
wird dies durch die Bezüge zur RAF und der Studentenbewegung von 1968, die zu einem Vergleich des deutschen Terrors
mit dem islamistischen anregen sollen. Allerdings verwirft
Sawatzky selbst schon eine solche Gegenüberstellung, indem
er die Ziele der RAF als falsch und ihr inkonsequentes Vorgehen anprangert. Vor allem seien die gottlosen Aktionen nicht
mit seinen von Allah gesandten Aufträgen vergleichbar. Die
Verbindung zum besseren Verständnis misslingt. Auch wenn
sich in der Idee zahlreiche Parallelen feststellen lassen, fehlt
am Ende das Zielbewusstsein. Letztlich versteht der Leser nur,
dass *Sawatzky* sich wegen seines Glaubens und seines Vertrauens in Gott für den Weg in das Attentat entschieden hat.
Über seine politischen Ambitionen oder deren Grundlage erfährt er nichts. Der Terrorist selbst scheint allein aus der religiösen Motivation gehandelt zu haben, auch wenn das Ziel der
Gruppe einem politischen Zweck diente.
    Auch die Schablonenhaftigkeit des dem Attentäter antithe-
tisch gegenübergestellten Botschafters *Claus Cismar* er-
schwert eine individuelle und aussagekräftige Auseinanderset-

zung mit dem Thema Terrorismus. *Cismar* stellt, genau wie der Leser, die Frage nach dem Warum, aber es gelingt ihm nicht, diese befriedigend beantwortet zu bekommen. Er sucht nach Antworten, die in seine Lebenswelt passen und die für ihn eine „geeignete" Begründung bieten. Dabei ist es ihm nicht möglich, auf das Leben des deutschen Attentäters einzugehen und seine Beweggründe vollends nachzuvollziehen. Der Botschafter steht stellvertretend für den Westen und verkörpert somit auch das westliche Unverständnis Terrorakten gegenüber. In ihm und seinem Umfeld lässt Peters die vorherrschenden Vorurteile und Pauschalisierungen im Umgang mit Attentätern lebendig werden. Eine solche Herangehensweise ermöglicht keinen differenzierten und objektiven Zugang für die Beurteilung von Attentaten. Vielmehr wird ein Negativbeispiel gezeigt, das deutlich macht, dass die Entstehung eines differenzierten Bildes aus westlicher Sicht schwierig, eventuell sogar unmöglich, ist.

5.   John Updike: „Terrorist"

5.1.   Der Autor

Der US-amerikanische Schriftsteller John Updike wurde am 18. März 1932 in Reading, Pennsylvania geboren und wuchs auf einer Farm in ärmlichen Verhältnissen auf. Nach seinem High-School-Abschluss 1950 bekam er ein Vollstipendium für Anglistik an der Harvard University, das er 1954 abschloss. Anschließend arbeitete er bis 1957 als Essayist und Redakteur für die Zeitung *The New Yorker*.[123] Erfahrungen hierfür hatte er genug, da er zu seiner Studentenzeit bei der Universitätszeitschrift *Harvard Lampoon* mitwirkte und darin viele Gedichte und Kurzgeschichten veröffentlichte. Sein Ziel war es gewesen, ab Mitte 20 jedes Jahr ein Buch zu publizieren. Es musste nicht zwingend immer ein Roman werden, es konnten auch Gedichte, Erzählungen oder Essays sein. Sein Ziel schien er nie aus den Augen verloren zu haben und arbeitete bis zuletzt an seinem Versprechen und schuf eine große Anzahl von Werken.[124] Ab 1957 wurde Updike selbstständiger Schriftsteller und kündigte beim *New Yorker*. 1958 erschien sein erster Gedichtband „The Carpentered Hen". Sein Wirken und Schaffen wurde von zwei Preisverleihungen begleitet: 1982 erhielt John Updike den Pulitzer Preis für seinen Roman *Rabbit Is Rich*, 2004 den Faulkner Award für *The Early Stories*.

Im Jahre 2006 veröffentlicht Updike den politischen Thriller „The Terrorist", in dem er das Weltbild und die Motivation der religiösen Fundamentalisten, speziell die des Islams, zu

---

[123] Updike, John.: Terrorist. Hamburg: Rowohlt Verl. 2008, S. 2.

[124] Hage, Volker: Zum Tode John Updikes. Kleine Bürger, großer Stil.   SpiegelOnline-Artikel   vom   28.01.2009.   URL: http://www.spiegel.de/kultur/literatur/0,1518,druck-603983,00.html (Zugriff: 13.12.2011).

erkunden versucht. Der Roman, dessen Handlung nach den Ereignissen des 11. Septembers 2001 stattfindet, steht als Beispiel für eine *„immer während, beständige Auseinandersetzung Updikes mit aktuell zeitlichen Geschehnissen"*[125]. „Terrorist" wird im amerikanischen wie auch im deutschen Feuilleton sehr gegensätzlich beurteilt. Die Ansichten zu diesem Werk, das im Näheren behandelt werden soll, gehen weit auseinander und „reiben" sich aber trotzdem. „Terrorist" wurde ausgezeichnet mit dem *National Book Award,* dem *National Critic Circle Award,* dem *Prix Médicis* und zweimal mit dem Pulitzerpreis.

Updike wird als einer der produktivsten und international beliebtesten US-amerikanischen Erzähler der zweiten Hälfte des 20. Jahrhunderts gesehen.[126] Am 27. Januar 2009 erliegt John Updike einem Lungenkrebsleiden.

5.2. *Die Handlung*

Im Zentrum der polyperspektivischen Erzählung steht *Ahmed Mulloy*, ein in Amerika geborener muslimischer Teenager mit irisch-arabischen Wurzeln. Sein Werdegang vom High-School-Absolventen zum islamistischen Selbstmordattentäter, der sein fanatisches Ziel kurz vor dem Ende aufgibt, wird begleitet von *Jack Levy*, dem Berufsberater und Vertrauenslehrer der New Prospect High School, die *Ahmed* besucht. Die narrative Struktur des Romans beruht auf den Perspektiven dieser beiden Personen, die auktorial und kontrastierend einander

---

[125] Richter, Jörg: John Updike. Das erzählerische Werk. In: KLL. Hg. von Heinz Ludwig Arnold. Bnd. 16. 3., völlig neu bearb. Auflage. Stuttgart: J.B. Metzler Verl. 2009.

[126] Ebd.

gegenüberstehen und auf diese Weise Updikes Kritik an der sexistischen und kapitalistischen Konsumorientierung der amerikanischen Kultur thematisieren, nicht jedoch den Terrorismus selbst. Der Roman lässt sich nur schwer einer Gattung zuordnen. Es handelt sich vielmehr um eine Hybridstruktur aus Politthriller, auf Grund der Verwicklung staatlicher Organe, und Bildungsroman, da der junge Teenager eine Entwicklung erfährt.

Ahmed Mulloy ist ein unscheinbarer 18jähriger Junge, der mit seiner alleinerziehenden Mutter *Teresa* in New Prospect, einer fiktiven Stadt, im Bundesstaat New Jersey aufwächst. Während sich *Ahmed* dem Islam zugehörig fühlt und regelmäßig Unterrichtsstunden bei Imam *Scheich Rashid* nimmt, um den Koran zu verstehen, gehört seine westliche-liberal orientierte Mutter eigentlich dem irisch-katholischen Glauben an. Sie verkörpert, unabhängig von ihrer Glaubensrichtung, die typische Amerikanerin, den *„Way of Life"*. Zuhause erfährt *Ahmed* wenig Unterstützung von seiner Mutter, die ihren Glauben weitestgehend abgelegt hat. Auf Grund ihrer religiösen „Untreue" und Offenheit gegenüber Sexualität und diversen Beziehungen zu Männern ist sie zu einem der vielen Hassobjekte *Ahmeds* geworden. Sein Vater *Omar Ashmawy*, der die Familie verließ als er drei Jahre alt war, gehörte dem Islam an. Die innige Verbundenheit seinem Vater bringt *Ahmed* dadurch zum Ausdruck, dass er neben seinem richtigen Namen *Ahmed Mulloy* den Nachnamen seines Vaters in Klammern dahinter schreibt, später sogar nur noch diesen Namen trägt: *Ahmed Ashmawy*. *Ahmed* fühlt sich in dem „amerikanischen Provinznest", seiner Umgebung und fast allem, womit er in Kontakt kommt, fremd. Er empfindet die Moral und Lebensweise der Einwohner von *New Prospect* als verkommen. Gerade die Lebensweise der amerikanischen Jugend, die geprägt ist von Sexualität, Freizügigkeit und Körperbetonung, und die Vermischung von Mädchen und Jungen auf den Gängen in seiner High School bewertet er als moralisch höchst fragwürdig und verachtet sie. Trost findet er in der Moschee und im Studieren des Korans unter den Anweisungen seines fundamentalistischen Lehrers *Shaikh Rashid*, der zugleich zu einer Art Ersatzvater für ihn wird. Doch *Ahmed* spürt ihm gegenüber auch Distanz und Skepsis, da er seine Überzeugung für größer hält, als die seines Lehrers, was er jedoch aus Respekt nicht zeigt. Der Pubertierende gleicht seine Umwelt immer und immer wieder mit dem Koran ab und rezitiert Phrasen.

Joryleen Grant, ein Mädchen aus seiner Klasse, interessiert sich für *Ahmed*, obwohl sie mit *Tylenol Jones* zusammen ist, und lädt ihn zu einem katholischen Gottesdienst in die Kirche ein. In diesem Zusammenhang diskutieren beide über die Richtigkeit ihrer jeweiligen Religion. Die sexuellen Gefühle, die *Ahmed* gegenüber *Joryleen* empfindet, definiert er als den Willen Gottes. Kurz nach dem Gespräch wird *Ahmed* von *Tylenol* in eine Auseinandersetzung verwickelt, in der er *Ahmed* anweist, sich von *Joryleen* fernzuhalten. Trotzdem kommt er, wenn auch nur widerwillig, der Aufforderung *Joryleens* nach, einen katholischen Gottesdienst zu besuchen. Der Muslime kann sich jedoch der christlichen Gemeinde nicht wirklich öffnen und sieht auch hier nur wieder Sünde und Heucheleien.

Ahmed ist ein sehr guter Schüler, redegewandt und klug und besitzt damit alle notwendigen Eigenschaften, die ihm eine berufliche Karriere ermöglichen, doch er entscheidet sich anders. Stark beeinflusst von seinem Imam, isoliert er sich immer mehr und entscheidet sich für die berufliche Laufbahn als LKW-Fahrer, sodass der Beratungs- und Vertrauenslehrer *Mr. „Jack" Levy*, der aus seiner Sicht eine gescheiterte Existenz darstellt, auf den Plan gerufen wird. *Mr. Levy* ist Jude, der jedoch auch seiner Religion abtrünnig geworden ist. Dadurch verliert *Ahmed* auch vor ihm den Respekt und hört ihm nicht mehr richtig zu. Konsens finden beide jedoch in der Meinung über die amerikanische Kultur, die sie beide als kritisch erachten. *Mr. Levy* besucht die Familie mehrmals zu Hause und es kommt zu einer Annäherung zwischen ihm und *Teresa*, von der *Ahmed* bis kurz vor Ende der Erzählung nichts erfährt. Das eigentliche Vorhaben des Vertrauenslehrers, den Jungen zu beeinflussen und ihn für einen High-School-Abschluss zu begeistern, bleibt damit erfolglos. *Ahmed* sieht gerade im Studium die Angst begründet, dass an seinem Glauben Zweifel entstehen könnten. Doch diese Einstellung ist nicht aus ihm heraus geboren, sondern von seinem Imam *Shaikh Rashid* gelenkt worden. Weder seine Mutter, noch sein Vertrauenslehrer oder die im Hintergrund agierenden Staatsorgane können die Manipulation durch den örtlichen Imam verhindern, der Ahmeds Glaubenszweifel und die Angst vor eventueller Beeinflussung im Studium kennt und für seine Zwecke zu nutzen weiß.

Er stellt den Kontakt zu *Charlie Chehab* her, dem Chef eines zwielichtigen Möbelhauses, der *Ahmed* als LKW-Fahrer einstellt. Schnell stellt der Jugendliche fest, dass das Weltbild seines neuen Chefs nicht stark von dem von Scheich *Rashids* abweicht. Während der Zeit als LKW-Fahrer wird *Ahmed* von *Charlie* eine „besondere Nacht" spendiert, in der er endlich seine Unschuld verlieren soll. Diese endet jedoch im Fiasko, denn zu seiner großen Überraschung und Entsetzen steht auf einmal *Joryleen* vor ihm, die *Tylenol* als Prostituierte arbeiten lässt. Erneut ist *Ahmed* enttäuscht von ihr und verweigert den Sex mit ihr. Er sieht sich in seinen Ansichten über die körperbetonte und sexistische Gesellschaft bestätigt. Er für seinen Teil will warten, bis er mit einer richtigen Muslimin verheiratet ist.

Nach mehreren Monaten holt ihn seine Bekanntschaft mit dem Imam wieder ein und er wird für einen Bombenanschlag rekrutiert. Dass sich etwas anbahnt und sich bald ein terroristischer Anschlag ereignen soll, weiß auch die CIA und das Ministerium erhöht die Terrorwarnstufe. Scheich *Rashid* setzt nun alles an *Ahmed* und bald ist dieser bereit, für seinen Glauben sein eigenes Leben und das Leben anderer, unbekannter Menschen, zu opfern. Am Tag des Anschlags erscheinen dann *Ahmeds* Komplizen nicht und er selbst kann einer Festnahme durch das FBI nur knapp entgehen.

Später sitzt er dann am Steuer eines mit Sprengstoff beladenen LKWs Richtung Lincoln Tunnel unter dem Hudson River, um die amerikanischen Ungläubigen in die Luft zu sprengen. Unterwegs steht *Jack Levy* auf der Straße, der von seiner Schwägerin *Hermione Fogel*, die bei dem U.S. Department of Homeland Security arbeitet, alarmiert wurde mit der Vermutung, dass *Ahmed* an einem Terroranschlag beteiligt sein könnte. Er steigt zu *Ahmed* in den LKW und begibt sich mit auf die Todesfahrt, jedoch mit dem Hintergedanken, *Ahmed* von seinem Vorhaben abzubringen. *Levy* redet auf ihn ein und lässt ihn erkennen, dass sein Freund und Mitverschwörer *Charlie Chehab* ein CIA-Agent war. Er wollte den Anschlag verhindern und wurde von den anderen getötet. *Jack Levy* gibt zu, über mehrere Monate ein Verhältnis mit *Teresa* gehabt zu haben. Im weiteren Verlauf des Gesprächs überdenkt *Ahmed* seine Auslegung des Korans und kommt zu dem Schluss, dass das Töten anderer Menschen nicht Gottes Wille entspricht, auch wenn es für den scheinbar „rechten" Weg ist. Schlussendlich hat *Mr. Levy* mit seinem Vorhaben Erfolg. *Ahmed* bricht seine Selbstmordmission ab.

5.3. Der Attentäter Ahmed [Ashmawy] Mulloy

Ahmed Mulloy ist redegewandt, höflich, 18 Jahre alt, 1,80m groß, gepflegt und trägt meist schwarze Röhrenjeans und blendend weiße Hemden. Er hat die besten Voraussetzungen, im amerikanischen System Karriere zu machen.[127]

Gleich zu Beginn des Romans findet sich der Leser in einem Gedankengang *Ahmeds* wieder: *„Teufel. [...] Diese Teufel wollen mir meinen Gott nehmen."*[128] Erst darauf wird klar, *Ahmed* steht auf einem Gang der Central High School. Er sieht abwertend und verachtend den Mädchen hinterher, die ihre Freizügigkeit zur Schau stellen, und den Jungen, die über die Gänge stolzieren mit ihrem abschätzigen Lachen. Die Lehrer an seiner Schule bezeichnet er als *„[...] schlaffe Christen oder nichtpraktizierende Juden [...]"* mit *„[...] fehlendem Glauben [...]"*.[129] Der Leser merkt zu Beginn des Romans schnell, wie *Ahmed* die Realität wahrnimmt und mit einer gewissen überspitzten Nüchternheit beschreibt: *„[...] eine Spirale, auf das Pflaster geschrieben mit dem leuchtenden Schleim, den engelgleichen Körpersäften eines Wurms oder Schnecke, irgendeines niedrigen Lebewesens, von dem nur diese Spur übrig geblieben ist."*[130] Eine Veränderung in der Formulierung seiner Gedanken geschieht nur dann, wenn er von seinem, dem „wahren", Glauben spricht oder er Suren aus dem Koran rezitiert, erst dann ist Pathos und Tiefe bei ihm zu spüren: *„Der Bote, der das geflügelte weiße Pferd Buraq ritt, wurde vom Engel Gabriel durch die sieben Himmel an einen Ort geleitet, wo er mit Jesus, Moses und Abraham betete [...]."*[131]

---

[127] Updike: Terrorist, Klappentext.
[128] Ebd., S. 7.
[129] Ebd., S. 7.
[130] Ebd., S. 10.
[131] Ebd., S. 10.

Seine Umgebung und die sozialen Kontakte wirken auf ihn befremdlich und überall fühlt er sich von Ungläubigen, Gottlosigkeit, Gelüsten und Materialismus umgeben. Die Moral und Lebensweise der Einwohner von *New Prospect* empfindet er als verkommen, die amerikanische Jugend, die geprägt ist von Freizügigkeit, Sexualität und Körperbetonung, bewertet er als moralisch höchst fragwürdig und verachtet sie.[132] Die demokratischen Werte der Regierung bezeichnet er als gottlos und falsch[133]. In der Schule ist *Ahmed* distanziert zu den Unterrichtsfächern und seinen Klassenkameraden. Den Grund hierfür sieht er selbst in seiner Religion, die ihn zwar zügelt und von Drogen und Lastern fernhält, aber eben auch durch seine konservative Einstellung den Effekt der Isolation mit sich bringt. *Ahmed* wird von *Joryleen Grant*, einem jungen attraktiven Mädchen, umworben. Auf ihre Frage hin, warum er so selten lache, denn dann würden ihn die Leute bestimmt mehr mögen, antwortet er: *„Das ist mir egal. Ich will gar nicht gemocht werden."*[134] *Joryleen* lädt ihn ein, ihren Chorauftritt in der Kirche zu besuchen. *Ahmed* ist schockiert und abgestoßen und verweist darauf, dass dort nicht seine Religion praktiziert werde.[135] Als sie antwortet, sie nehme alles nicht so ernst, überkommt ihn Zorn über die Einstellung *Joryleens*: *„Wenn du deine Religion nicht ernst nimmst, dann solltest du nicht in die Kirche gehen."*[136] Als *Joryleens* muskulöser Freund *Ahmed* auflauert, ihn in die Mangel nimmt, ihn öffentlich demütigt und zurecht weist, sich von ihr fernzuhalten und ihre Religion in Ruhe zu lassen, bleibt er trotz der weitaus unterlegenen

---

[132] Vgl. Updike: Terrorist, S. 19.
[133] Vgl. ebd., S. 8.
[134] Ebd., S. 13.
[135] Vgl. ebd., S. 16.
[136] Ebd., S. 16.

Situation standhaft und sagt ihm ins Gesicht: „*Sie hat die falsche Religion.*"[137] Bereits hier merkt der Leser, dass die Glaubensüberzeugung *Ahmeds* tief verwurzelt ist und er vor seiner Einstellung nicht zurückschreckt. Als er dann doch *Joryleens* Einladung folgt und er sich in einem christlichen Gottesdienst wiederfindet, mutet es *Ahmed* an wie ein „*unerklärlicher Gestank*"[138], der von diesen Heiden ausgeht. Für ihn ist der Gottesdienst eine Qual. Nach der Messe wartet er auf *Joryleen*, der er im Gespräch für die Einladung dankt, jedoch gleich erwidert, dass es gut sei, den Feind zu kennen, denn „*[...] alle Ungläubigen sind unsere Feinde.*"[139]

Ab und an zitiert er für die jeweilige Situation geeignete Suren aus dem Koran[140] und sucht Antworten in ihm, wie z.B. in Bezug auf die Liebe und seine Pubertätsfragen[141]. Die Begegnung mit *Joryleen* ist nicht die einzige Situation, in der *Ahmed* enttäuscht wird von Personen seines Umfeldes, die ihre Religion nicht ernst nehmen oder sich von ihr entfernt haben. Es scheint, als wenn ihn die Begegnung mit „Ungläubigen" nur noch standhafter werden lässt.[142] *Mr. Levy*, der Schülerberater an seiner Schule, ist Jude. Aber auch er, so muss *Ahmed* enttäuscht in Konversationen mit ihm feststellen, hat seinem jüdischen Glauben abgeschworen und dieser hat keine Bedeutung mehr für ihn. Den Zugang zu *Ahmed* kann auch der Schulberater nicht mehr herstellen, vielmehr redet er gegen einen in sich gefestigten *Ahmed* an, dessen konservative Einstellung und Vorstellung bereits sehr stark von seinem Imam

---

[137] Updike: Terrorist, S. 22.
[138] Ebd., S. 65.
[139] Ebd., S. 89.
[140] Vgl. ebd., S. 293.
[141] Vgl. ebd., S. 201.
[142] Vgl. ebd., S. 22.

Shaikh Rashid beeinflusst sind: „*Er [der Imam] hat gesagt, auf dem Zweig, der aufs College vorbereitet, sei ich verderblichen Einflüssen ausgesetzt [...]. Die westliche Kultur ist gottlos.*"[143], „*Mein Lehrer [der Imam] meint, ich sollte einen Lastwagen fahren.*"[144]

Ahmed geht seit sieben Jahren zwei Mal die Woche in die Moschee, um den Koran zu lesen und Sprachunterricht bei seinem Imam zu nehmen, in dem er zunächst eine Ersatzfigur für seinen Vater sieht. Seinen leiblichen Vater *Omar Ashmawy* hat *Ahmed* nie kennengelernt, jedoch versucht er ihm durch seine Namensanpassung *Ahmed [Ashmawy] Mulloy* näher zu sein, u.a. auch weil er ihn für einen guten Muslimen hält. Hingegen hält er seine Mutter *Teresa* für einen großen Fehler seines Vaters[145] und eine verkommene Hure[146]. Während dieser Zeit der Selbstfindungsphase des jungen Muslimen, tritt der Imam in sein Leben und nimmt sich dem zarten und ängstlichen Jungen an. Zuerst schaut *Ahmed* zu ihm auf, da er ihm scheinbar als einziger Mensch moralische Werte in einer „gottlosen Kultur" vermitteln und erklären kann. Doch dann beginnt er auch an seinem Imam zu zweifeln, was er jedoch aus Angst und Respekt nicht zeigt.[147] Wegen der Unbedingtheit seiner religiösen Auffassung wird *Ahmed* von seinem Koranlehrer benutzt, obwohl er weiß, dass „*[...] er manipuliert wird [...]*"[148], „*[...] lässt [er] sich dirigieren [...].*"[149] Der junge Muslim ist stolz auf seine Isolation und seine selbst

---

[143] Updike: Terrorist, S. 50.
[144] Vgl. ebd., S. 54.
[145] Ebd., S. 218.
[146] Ebd., S. 149.
[147] Vgl. ebd., S. 11.
[148] Vgl. ebd., S. 305.
[149] Vgl. ebd., S. 395.

geschaffene Identität, die er aber durch seine gewöhnliche Umwelt gefährdet sieht. Versuche von Personen seines Umfeldes, Glaubensinhalte oder Werte in Frage zu stellen und eigene Einstellungen zu vermitteln, zeigen keinen Erfolg. Immer wieder zitiert er die Koran-Sure und versteift sich auf seinen Glauben: „*Sie nehmen uns unseren Gott.*"[150] Zunehmend, wenn auch nur langsam, entwickelt *Ahmed* éine Abneigung gegen die Realität und äußert, dass er bereit sei, für den Dschihad zu sterben: „*Ich brenne darauf, es zu tun.*"[151] Ihm ist bewusst, dass er durch seinen Anschlag viele Menschen in den Tod reißen wird, doch sind dies „*[...] diejenigen, die Gott verhöhnen und verwerfen [...]*"[152] und daher nach seiner Ansicht Strafe verdient haben. *Ahmed* fühlt sich stolz und bestätigt darin, für das Attentat ausgewählt worden zu sein. Zu Beginn seiner Fahrt zu seinem Ziel ist seine Absolutheit und Überzeugung durch nichts ins Wanken zu bringen: „*In wenigen Minuten werde ich das Angesicht Gottes erblicken. Mein Herz fließt über vor Erwartung.*"[153] Doch je näher er seinem Ziel kommt, umso mehr nimmt er doch wieder positiv Eindrücke aus seiner Umwelt wahr und, beeinflusst von *Mr. Levys* Denkanstößen, überdenkt er seine Interpretation über den Islam: „*Er [Allah] will nicht, dass wir seine Schöpfung durch einen bereitwilligen Tod schänden.*"[154] *Ahmed* führt den Anschlag nicht aus, glücklich ist er jedoch über sein persönliches Versagen nicht. Die Veränderungen seines emotionalen Zustandes werden durch die unterschiedlichen Tempora seines „Teufel-Satzes" sichtbar. So denkt er zu Beginn, als viele

---

[150] Vgl. Updike: Terrorist, S. 241.
[151] Ebd., S. 311.
[152] Ebd., S. 346.
[153] Ebd., S. 387.
[154] Ebd., S. 392.

„gottlose" Eindrücke auf ihn einwirken und er standhaft bleiben kann: *„Diese Teufel [die Gesellschaft] wollen mir meinen Gott nehmen."*[155] In der Mitte des Romans, wenn die Eindrücke auf ihn zunehmen, er von Menschen enttäuscht bzw. in Versuchung wie z.B. durch *Joryleen* geführt wird, sagt er, dass die Welt von Teufeln besessen ist und sie im Begriff sind seinen Gott zu nehmen. Am Ende des Romans, als er an sich selbst zu zweifeln beginnt und scheitert, denkt *Ahmed*: *„Diese Teufel [...] haben mir meinen Gott genommen."*[156]

5.4. Ahmed Mulloy in der Beurteilung durch seine Umwelt

Ahmed Mulloy erfährt von verschiedenen Personen aus seiner direkten Umgebung eine Beurteilung. Dabei wird deutlich, dass sich das Bild auf ihn während des Erzählstranges immer wieder verändert, denn auch *Ahmed* verändert sich merkbar.

Allen voran scheint *Jack Levy* den jungen Muslimen am meisten zu beobachten und zu beurteilen. Durch die vielen Konversationen erhält er im Gegensatz zu anderen Romanfiguren einen Einblick in die psychische Entwicklung *Ahmeds*. Eigentlich wollte der Schülerberater nur seiner Aufgabe nachkommen und *Ahmed* nach den Gründen für den Wechsel auf den berufsvorbereitenden Zweig trotz guter Noten fragen. Doch er wird seit dem Treffen mit *Ahmed* von dessen Person berührt und er beschäftigt sich mehr mit ihm, als er soll und es eigentlich auch will. Dies hängt mit Sicherheit auch mit der Beziehung zu *Ahmeds* Mutter zusammen, durch die sich *Levy* dann gegenüber seinem Schützling verpflichtet fühlt. In der

---

[155] Updike: Terrorist, S. 7.
[156] Ebd., S. 397.

ersten Begegnung macht *Ahmed* auf ihn einen höflichen, profilierten, wachsamen und intelligenten Eindruck. Die künstliche Erhabenheit des jungen Mannes, die er zu Beginn des Gesprächs an den Tag legt, fällt *Levy* sofort auf.[157] Schnell merkt er auch, dass *Ahmed* etwas überdeckt, etwas ausweicht und genau dies weckt sein Interesse und er fragt nach seinem Werdegang. Dabei erkennt er die Problemstellen: seinen Vater und seine konservative Glaubenseinstellung und der daraus resultierende Blick auf die Gesellschaft.[158] *Jack Levy* fragt nach, warum sich der Schüler für den beruflichen Zweig und nicht für den College-Zweig entschieden habe. Die Antwort, es sei wegen des Imams der Moschee, missfällt *Levy*. Indem er weiter nachbohrt, stellt er fest, dass der Junge sehr auf seine Religion versteift wirkt und seinen Gott beschützt.[159] Beide haben jedoch die gleiche Meinung über die amerikanische Gesellschaft, die *Jack Levy* im Gegensatz zu *Ahmed* zwar nicht verachtet, aber auch nicht unbedingt gut findet. Bei der ersten Verabschiedung spürt der Berater eine schlaffe und feuchte Hand und für ihn ist klar, dass sich hinter den großen Reden und der zeitweisen Großspurigkeit und Erhabenheit doch nur *„[...] ein schüchterner Junge, noch kein Mann [...]"*[160] verbirgt. Für ihn ist es einfach nur ein weiterer Schüler, der „seine Zukunft in den Sand setzt" und der auf Grund seiner Sturheit nicht auf ihn hören will[161]. Jedoch sieht er die Schuld nicht bei dem Jugendlichen, sondern bei dem Imam der Moschee und der fehlenden Vaterfigur, die er dringend gebraucht hätte[162].

---

[157] Updike: Terrorist, S. 46.
[158] Vgl. ebd., S. 48.
[159] Vgl. ebd., S. 52.
[160] Ebd., S. 57.
[161] Vgl. ebd., S. 176.
[162] Vgl. ebd., S. 150.

Aber das ist ihm zu diesem Zeitpunkt egal. Später dann aber wirkt die Gesamtsituation unbefriedigend auf ihn und er beginnt sich um *Ahmed* Sorgen zu machen und sich für die Umstände zu interessieren, denn wie ein normaler Achtzehnjähriger scheint er nicht zu sein.[163] Irgendetwas oder Jemand setzt den Jungen unter Druck und genau das will er in Erfahrung bringen. Um dem Jungen helfen zu können, besucht er die Familie zu Hause. Aus diesem Besuch ergibt sich, dass *Jack* mit *Teresa* zusammenkommt, doch scheinen auch die Sorge und die Vatergefühle um *Ahmed* damit verbunden sein, denn immer wieder erkundigt er sich nach ihm und nennt ihn sogar einmal Sohn[164]. Durch *Teresa* erfährt er einiges über *Ahmed*. Auf *Mr. Levy* macht der Junge einen von der Gesellschaft enttäuschten und überforderten Eindruck.[165]

Dann tritt *Ahmed* die Flucht nach vorn an. Statt sich weiter den belastenden Einflüssen der amerikanischen Gesellschaft auszusetzen, beschließt er aktiv für seine Überzeugung einzustehen und folgt den Anweisungen des Imam. Im letzten Moment kann *Levy* in den sprengstoffbeladenen LKW einsteigen. Der Beratungslehrer sitzt neben *Ahmed* und redet permanent auf ihn ein, da er das Gefühl hat, doch noch zu dem verblendeten Jungen mit Wahrheit und Offenheit, für ihn wesentliche Elemente, vorzudringen. Die fanatische Entschlossenheit des Jungen macht *Jack* zeitweise Angst. Aber aufgeben will er ihn nicht, da er *Ahmed* nur als teilweise Ahnungslosen, Ausgenutzten und Mittel zum Zweck in einem Komplott erkennt. Damit scheint der Schülerberater der einzige Charakter des Romans zu sein, der das Gesamtkonstrukt durch das Zusammensetzen vieler Details um den Jungen zu verstehen scheint.

---

[163] Updike: Terrorist, S. 107.
[164] Ebd., S. 379.
[165] Vgl. ebd., S. 264.

Teresa führt mit ihrem Sohn nur wenige Gespräche und kann daher nur sein Verhalten interpretieren, nicht aber seinen psychischen Zustand. Die mütterliche Sorge um ihn scheint reduziert, jedoch vorhanden, vermutlich auch, weil sie ihn für einen eigenständigen, ziemlich typischen durchschnittlichen Achtzehnjährigen hält, der mit beiden Beinen fest im Leben steht.[166] Sie hat den Entschluss ihres Sohnes, LKW-Fahrer zu werden, akzeptiert und fragt nicht, wie andere, nach dem Grund für diese Entscheidung. Seit ihr Sohn in die Moschee geht und den Koran studiert, nimmt sie ihn als viel lockerer und offener wahr, als erwachsenen Mann.[167] Dennoch scheint ihr *Ahmed* komisch in seinem Verhalten, da er keine Freundin hat und über allem zu schweben und erhaben scheint.[168] Je näher das Attentat rückt, umso mehr nimmt sie Veränderungen an *Ahmed* war, die sie aber auf Grund ihrer Unwissenheit und ihres partiellen Desinteresses an ihm nicht einordnen kann. So bemerkt sie, dass er täglich Zeitungsartikel über den Krieg und den Terror liest[169] und mit den Gedanken abwesend zu sein scheint.[170] *Joryleen* hält ihn zu Beginn des Romans für eitel, da er mit seiner Einstellung zur Religion sehr großspurig und unfehlbar auftritt.[171] Trotzdem versucht sie dem für sie seltsamen, aber attraktiven jungen Mann nahe zu kommen. Als sie sich später erneut treffen und *Ahmed* mittlerweile LKW-Fahrer ist, scheint sie verwundert, denn sie hätte auf „*[...] ein bisschen was Gehobeneres getippt. Auf was, wo du deinen Kopf*

---

[166] Vgl. Updike: Terrorist, S. 107.

[167] Vgl. ebd., S. 185.

[168] Vgl. ebd., S. 110.

[169] Vgl. ebd., S. 212.

[170] Vgl. ebd., S. 292.

[171] Vgl. ebd., S. 14.

besser gebrauchen könntest."[172] *Charlie Chehab* sieht den jungen Muslimen zunächst als typischen amerikanischen Jungen, doch dies ändert sich und *Ahmed* wirkt auf ihn schon etwas komisch, zumal er noch nie eine Freundin gehabt hatte. Insgesamt ist der Eindruck von *Charlie* aber, dass er ein guter Junge ist.[173]

5.5.   Ahmed [Ashmawy] Mulloy als typischer Attentäter?

Der Erzähler lässt im Verlauf des Romans viele Möglichkeiten aufkommen, die erklären könnten, warum *Ahmed* letztendlich in den Tunnel fährt. *Ahmed* fungiert als Instrument des islamistischen Terrors bzw. des Imams. Dieser nutzt die Gefühlslage seines Schülers aus, der sich als Außenseiter sieht und von seiner Umgebung als missverstanden fühlt. Dem jungen Mann geht es von seiner Einstellung her zuallererst um Religion und nicht um Politik, die für ihn Randgefilde zu sein scheint. Der Leser bekommt ein eigenartiges Gefühl, wenn er miterlebt, wie sich *Ahmed* langsam verfestigt und sich, aus der Sicht des Lesers, für etwas Falsches entscheidet. Der Erzähler versucht, einen exemplarisch „typischen" Werdegang eines Terroristen darzustellen, der nicht unbedingt nur den einen Ansatz haben muss.

Um der Frage nach dem typischen Attentäter-Profil *Ahmeds* nachzugehen scheint es nicht sinnvoll, die Messlatte der öffentlichen subjektiven Meinung anzulegen, sondern sich mit Hilfe wissenschaftlicher Kategorien einer Antwort zu nähern. Denn viel zu sehr ist das Bild eines typischen Attentäters

---

[172] Updike: Terrorist, S. 280.
[173] Ebd., S. 192.

durch Medien und Vorurteile geprägt, ist der Begriff Terror und Terroranschlag beeinflusst und zentriert auf den 11. September 2001, der ebenfalls in dem Buch genannt wird.

Die Forschung ist sich einig: Es gibt nicht „das" Selbstmordattentat. Vielmehr variiert dies in der Ausführung und vor welchem Hintergrund es begangen wird. Somit sind laut Wissenschaft vier Phasenmodelle[174] zu unterscheiden:

- Typ 1: Das Selbstmordattentat wird von einer Organisation begangen, die als Minderheit eine Autonomie anstrebt.

- Typ 2: Das Selbstmordattentat wird von einer Organisation begangen, die gegen eine fremde Besatzungsmacht kämpft.

- Typ 3: Das Selbstmordattentat wird von einer Organisation begangen, die Kriege gegen die eigene Regierung führt.

- Typ 4: Das Selbstmordattentat wird von einer Organisation im Rahmen eines religiös-expansiven Kampfes begangen.

Ahmed kann Typ 4 zugeordnet werden, also einer Gruppe von Extremisten, die ihren Kampf nicht direkt, sondern primär einen religiös motivierten Kampf gegen „Ungläubige" führen. Im Buch finden sich diesbezüglich vielfache Andeutungen, die diese Klassifizierung rechtfertigen. Die Definitionen sprechen

---

[174] Heusel, Johanna: Eine kriminologische Betrachtung des Selbstmordattentates. Berlin: Duncker & Humblot Verl. 2009, S. 16 - 19.

von einer Organisation, in deren Namen das Attentat ausgeführt wird. In Updikes Roman lässt sich hingegen keine namentlich erwähnte Gruppierung finden und auch *Ahmed* gehört keiner Organisation an, zumindest nicht bewusst. Er „fließt" mehr oder weniger in die Struktur dieser Organisation ein, ohne eine Orientierung zu haben. Es ist die Einstellung gegenüber der westlichen Kultur und die konservative Art seines Charakters, die ihn in die Fänge des Imam treiben und die als Zündmittel dienen. Angefacht durch seinen Koranlehrer, der ihm moralische Kategorien vermittelt, entwickelt *Ahmed* unter den äußeren Einflüssen der amerikanischen Kultur eigene moralische Vorstellungen. Auch wenn er weiß, dass er diesbezüglich manipuliert wird, weigert er sich nicht.

Die Forschung hat ein „typisches" Attentäterprofil erstellt, nachdem mehrere Attentate analysiert und abgeglichen wurden: *„Nach ihren Vorstellungen war dieser [der Attentäter]männlich, gewöhnlich zwischen 18 und 27 Jahre alt, nicht verheiratet, arbeitslos, sozial schwach, devot und islamisch-fundamentalistisch eingestellt. Er stammte aus einem zerrütteten Elternhaus und war direkt oder indirekt über Angehörige oder Freunde von der Gewalt der [...] Staatsmacht betroffen."*[175]

Ahmeds Charakter erfüllt diese Bedingungen nur teilweise. Er ist zwar 18 Jahre alt, nicht verheiratet, ein Einzelgänger, der sich von der Gesellschaft abgrenzt, dem Islam angehört und ohne seinen Vater aufwächst, doch ist er sehr intelligent, aufgeweckt über alles erhaben und keinesfalls devot – zumindest nicht innerlich. *Ahmed* scheint jedoch in das Raster der gesellschaftlichen Ziellosigkeit zu passen, die seine konservative Einstellung mit sich bringt, aber genauso auch die berufliche Perspektivlosigkeit, die durch den Imam verursacht wird. Äu-

---

[175] Schneiders: Heute sprenge ich mich in die Luft, S. 141.

ßerlich unterwirft er sich dem Imam, aber innerlich hinterfragt er ihn und sieht in ihm auch nur eine schwache Person, trotzdem leistet er ihm naiv Folge. Es lassen sich keine banalen oder eindeutigen Ursprünge erkennen, die ihn als einen typischen Attentäter von Anfang an klassifizieren könnten. Er kommt zwar mit der amerikanischen Kultur nur bedingt aus, aber dies scheint ihm ab einem gewissen Punkt egal und er verschließt sich. Durch das Einstreuen von Phrasen wie *„Die westliche Kultur ist gottlos."*[176], *„Diese Teufel wollen mir meinen Gott nehmen."*[177] oder *„[...] Aus Hass auf diejenigen, die Gott verhöhnen und verwerfen."*[178] versucht *Ahmed* seiner Einstellung Wirkung zu verleihen, doch wirkt es mehr rhetorisch aufgesetzt und wenig glaubhaft, wie bereits auch die Romanfigur *Mr. Levy* andeutet. Der junge Muslim will durch das Attentat keiner spezifischen Situation entkommen, niemanden bestimmtes töten; er will sich an dem kapitalistischen konsumorientierten Amerika rächen, aber dies wirkt nur bedingt schlüssig. *Ahmed* ist politisch wenig interessiert, religiös jedoch umso stärker ergriffen. Er findet im Islamismus ein Zuhause, in dem er, stellvertretend durch den Imam, verstanden und akzeptiert wird. Er sucht Sinn, Akzeptanz und Verständnis für seine Einstellung im Leben und diese kann ihm *Scheich Rashid* bieten. Hier kommt Updike nicht der landläufigen medialen und öffentlichen Einstellung entgegen, denn bei *Ahmed* ist nicht die Religiosität als alleinige Ursache für den Versuch des Anschlags zu sehen, sondern auch das Umfeld. Erst kurz vor Beginn des Anschlags scheinen sich die Umstände zu überschlagen. Obwohl er seinem Imam misstraut, lässt er sich von jetzt auf gleich für das Attentat auser-

---

[176] Updike: Terrorist, S. 50.
[177] Ebd., S. 7.
[178] Ebd., S. 346.

wählen. Das unerwartete Ende der Erzählung sorgt dann doch dafür, dass *Ahmed* nicht der zu Beginn eindeutige Klischee-Stempel eines Terroristen aufgesetzt werden kann. Die Skizze, die im Laufe des Romans von dem jungen Islamisten langsam Formen annimmt, scheint gewisse Erwartungen über das Ende zu schüren und auch einige Thesen über die Voraussetzungen, ein Terrorist zu werden, scheinen in ihm erfüllt: die „Angst" vor Frauen, die gesellschaftliche Perspektivlosigkeit und die *„transzendentalen Defizite einer kapitalistischen Konsumorientiertheit"*[179]. Updike gelingt es zwar gut, sich der Strömung der Attentäter-Romane zu nähern, aber eine schlüssige Antwort nach dem Warum der (spirituellen) Motivation *Ahmeds* bleibt aus. Man kann also bei Updikes Protagonist von einem exemplarischen, mit Klischees besetzten, aber nicht typischen Attentäter sprechen.

5.6. Reaktionen auf den Roman

Die Reaktionen über John Updikes Roman „Terrorist" gehen teilweise sehr weit auseinander. Dies liegt mitunter vielleicht auch daran, dass er einer der ersten Autoren neben Peters und Khadra ist, die sich mit dem neuen Thema der *Terroristen-Romane* oder auch *Attentäter-Romane* auseinandersetzen – Pioniere unterliegen meist einer weit gefächerten und zuweilen auch harten Kritik. Aber dies zeigt schließlich auch, dass sich Leser und Rezensenten mit der Thematik auseinandersetzen. Der Rezensent der *TAZ* Jörg Magenau lobt das Werk. Updike sei hier eine vortreffliche Analyse sozialer Faktoren, insbe-

---

[179] Vgl. Magenau, Jörg: Rezensionsnotiz zu Updike: Terrorist. In: Die Tageszeitung vom 28.08.2006. URL: http://www.perlentaucher.de/buch/24961.html (Zugriff: 13.12.2011).

sondere der Perspektivlosigkeit, gelungen, die junge Menschen empfänglich für radikale Botschaften mache. Sehr gut seien Updike auch die Verarbeitung von Thesen, die die Voraussetzung für die psychische Entwicklung des Jungen darstellen, gelungen.[180] In der *Zeit* schreibt Rezensent Michael Naumann hingegen, er sei von dem Roman, in dessen Mittelpunkt ein jugendlicher islamistischer Fundamentalist stehe, wenig beeindruckt. Er sehe darin vor allem Klischees, Vorurteile und ignorante Charakterzuschreibungen. Es sei Updike wenig gelungen, in die Psyche des Protagonisten einzutauchen und die Handlung schlüssig darzustellen. Hingegen glänze der Autor bei der Darstellung des amerikanischen Alltags, doch sei dies insgesamt zu wenig für den Roman.[181] Rezensentin Julia Encke von der *Frankfurter Allgemeinen Zeitungen* sieht es ähnlich. Bis zum Schluss sei der Leser nicht in der Lage zu verstehen, was den jungen *Ahmed Mulloy* zum Terroristen mache. Auch sie macht das Nichtfunktionieren des Romans in der Überspitzung von Klischees und in der nicht schlüssigen Entwicklung des Protagonisten fest: *„Wenn sich alle vaterlos aufgewachsenen Jungen halbarabischer Herkunft in Amerika mit elf Jahren dazu entschlössen, in einem fundamentalistischen Scheich der Moschee ihres Vertrauens einen Ersatzvater zu sehen, hätte Amerika tatsächlich ein Problem."[182]* Patrick Bahners, Rezensent der Frankfurter Allgemeinen Zeitung, zeigt sich hingegen tief beeindruckt von der Geschichte *Ahmeds* und der moralischen Dimension des Romans, der nach allen Regeln der Kunst geschrieben sei. John Updike stelle in seinem Roman *„[...]der "amerikanischen Immanenzreligion"*

---

[180] Magenau: Rezensionsnotiz zu Updike.

[181] Vgl. Naumann, Michael: Rezensionsnotiz zu Updike: Terrorist. In: Die Zeit, 21.09.2006.

[182] Encke: Neues Roman-Genre.

ein "nihilistisches Transzendenzverlangen" in Person des Terroristen entgegen."[183]

5.7.   Zwischenfazit

John Updike wagt sich mit anderen Autoren auf ein völlig neues Terrain, nämlich das des islamistischen Terrors. Die Auseinandersetzung mit den terroristischen Geschehnissen um den 11. September 2001 beschäftigt die Öffentlichkeit und diese verlangt nach Auseinandersetzung. Updike versucht diesen Wunsch zu bedienen, jedoch nur mit mäßigem Erfolg. Die Darstellung der einzelnen Charaktere, die Wandlung des Charakters *Ahmed* und schlussendlich das Scheitern des Ichs an sich selbst sind überspitze Verarbeitungen von Klischees. Zu Anfang des Romans lassen sich in der Person *Ahmeds* einige kleine Parallelen zu den Terroranschlägen auf das World-Trade-Center vermuten, doch spätestens gegen Ende des Romans ist klar, der Protagonist ist nicht mit den realen Ereignissen in Zusammenhang zu bringen: Der Anschlag scheitert. Und auch sonst wirkt der Charakter des jungen *Ahmed Mulloy* nicht überzeugend. Obwohl der Leser seit Beginn des Romans durch Andeutungen das mulmige Gefühl und die Vorahnung über das Ende entwickelt, bricht kurz vor der „Entscheidung" das Gegenteil des Erwarteten über den Leser hinein. Dieses Gefühl kann Updike nur erzeugen, wenn er sich intensiv mit der jeweiligen Forschungsliteratur zum Thema „Attentat" und „Terrorismus" oder auch über die psychische Entwicklung

---

[183] Bahners, Patrick: Rezensionsnotiz zu Updike: Terrorist. In: Frankfurter Allgemeine Zeitung vom 16.9.2006. URL: URL: http://www.perlentaucher.de/   buch/24961.html   (Zugriff: 02.02.2011).

solcher Täter auseinandergesetzt hat. Was treibt einen 18-Jährigen Jugendlichen dazu, einen LKW in einem Straßentunnel in die Luft jagen zu wollen?

Der Leser versucht, diese Situation zu verstehen, ein Bild der psychischen Entwicklung *Ahmeds* zu skizzieren, doch bleibt dies ohne zufriedenstellenden Erfolg. Updike scheint *Ahmed* zu wenig Profil gegeben zu haben oder vielleicht eben kein typisches. Sollte dies gewollt sein, stimmt Updike mit den Ergebnissen von Johanna Heusel in ihrer kriminologischen Forschung überein: *„Ein `Profil des Selbstmordattentäters´ gibt es nicht, jedoch existieren bestimmte Auffälligkeiten."*[184]

Diese „Auffälligkeiten" scheint Updike bewusst einzustreuen, wenn sich *Ahmed* über den „gottlosen Westen" äußert oder Koran-Suren zitiert. Dennoch: Der Typ des plötzlichen Aussteigers bleibt dem Leser seltsam, gar unverständlich. Aber vielleicht soll er das auch sein? Der Charakter *Ahmed* wirkt zudem nicht wie ein Selbstmordattentäter, auch wenn er immer wieder seine Abneigung gegenüber dem Westen formuliert und Koransprüche zitiert. Der US-Literat Updike äußerte in einem Interview dazu: *„Es gibt genug Menschen, die vor der arabischen Bedrohung warnen. Da mag man es mir zugestehen, den jungen Mann so sympathisch darzustellen, wie es mir möglich ist. Er ist mein Held. Ich habe versucht, ihn zu verstehen und seine Welt zu beschreiben."*[185]

Die Beschreibung der Welt um *Ahmed* herum, die mit feinster Präzision und vulgären Details glänzt, ist gut gelungen. Die Darstellung der amerikanischen Gesellschaft, die

---

[184] Heusel: Eine kriminologische Betrachtung des Selbstmordattentates, S. 205.

[185] Köster, Thomas: Rezensionsnotiz zu Updike: Terrorist. In: Amazon-Redaktion. URL: http://www.amazon.de/Terrorist-John-Updike/dp/3498068857 (13.12.2011).

stellvertretend für die westliche Kultur steht, zeigt dem Leser, dass angesichts des Terrors eine politische und soziale Machtlosigkeit, ja gar eine Hilflosigkeit, vorherrscht, diesem etwas entgegenzusetzen. *„Für die multiethnische und multireligiöse US-amerikanische Gesellschaft hat dies zur Folge, dass sich radikalere – und aus Updikes Sicht ohnehin irrationale – Auffassungen von Religion nur schwer ausbalancieren lassen."*[186]

Es bleibt letztendlich jedem Leser überlassen, wie er die Figur *Ahmed [Ashmawy] Mulloy* sehen will, die in einem Geflecht aus sexistischer und kapitalistischer Gesellschaft, dem Beratungslehrer *Jack Levy* und dem Imam *Shaikh Rashid* zeitweise zu einem Attentäter wird und dann doch seinem moralischen Gewissen unterliegt.

---

[186] Richter: John Updike.

6.   Yasmina Khadra: „Die Attentäterin"

6.1.   Der Autor

Das Buch „Die Attentäterin" wurde 2005 in Frankreich unter dem Titel „L`attentat" veröffentlicht und unter einem Pseudonym verfasst. Mit wahrem Namen heißt der Autor des Werkes Mohammed Moulessehoul. Er wurde 1955 in Kenadsa, Algerien geboren. Früh trat er in die algerische Armee ein und diente dort unter anderem als hoher Offizier. Während seiner Zeit in der Armee begann Mohammed bereits Romane zu verfassen, die sich mit fundamentalistischem Terror in seinem Heimatland oder der prekären Lage in Afghanistan beschäftigten. Dabei verwendete er als Pseudonym den Namen seiner Frau, Yasmina Khadra. Warum er gerade den Namen seiner Frau als Pseudonym benutzte, ist unklar. Erst im Jahr 2000 quittierte er den Dienst und ging im gleichen Jahr mit seiner Familie nach Frankreich ins Exil.[187] Scheinbar brachten ihm seine kritischen Romane in der Heimat viel Kritik ein und die allgemeinen Reaktionen bedrohten ihn und seine Familie. Im Jahr 2005 erschien der Roman „L`attentat", der ins Deutsche übersetzt und unter dem Titel „Die Attentäterin" veröffentlicht wurde. Der Autor hatte scheinbar bereits früh Kontakt mit selbst ernannten Gotteskriegern und ihrem Terror, da er diese Thematiken bereits vor der Veröffentlichung des Buches „Die Attentäterin" behandelte. Damit nimmt Moulessehoul eine Sonderstellung bei der literarischen Beschäftigung mit dem fundamentalistischen, islamistischen Terror ein. Der Autor

---

[187] Vgl. Keil-Sagawe, Regina: Yasmina Khadra. d.i. Mohammed Moulessehoul. In: Kindlers Literatur Lexikon. 3., völlig neu bearbeitete Auflage. Hg. von Hein Ludwig Arnold. Zitiert nach KLL Online – Aktualisierungsdatenbank (www.kll-online.de) Stuttgart: J.B. Metzler-Verl. 2011.

kann auf eigene Erfahrungen zurückgreifen und ist kulturell in dem bei Attentätern vorherrschenden Kulturkreis verwurzelt. Er versteht sich dabei jedoch selbst vor allem als vielfältig kulturell geprägt und lässt sich nicht auf seine arabischen Wurzeln beschränken. Er lese Hölderlin, Musil und Goethe, lebe in Frankreich und sei in Algerien groß geworden. Er möchte die westliche Sichtweise auf Selbstmordattentäter erweitern und versuchen, die dogmatischen Verurteilungen der Taten zu hinterfragen. Es geht ihm dabei jedoch nicht um eine Rechtfertigung des Terrors.[188] Der Autor will den Attentäter auch als Mensch darstellen. Eine Sichtweise, die z.B. in den westlichen Medien selten anzutreffen ist.

6.2. Die Handlung des Romans

Das Buch beginnt mit einem erzähltechnischen Vorgriff, in dem die später eingeführte Hauptperson des Romans stirbt. Der Leser wird allein aufgrund des Titels des Buches höchstwahrscheinlich an ein Selbstmordattentat denken, das den im Buch stets präsenten Ich-Erzähler mit rein subjektiver Sichtweise tötet. Die eigentliche Handlung des Buches setzt jedoch erst wenig später ein.

Amin Jaafari ist ein erfolgreicher Chirurg palästinensischer Abstammung, der in einer Klinik in Tel Aviv arbeitet. Er ist im Besitz der israelischen Staatsangehörigkeit und lebt zusammen mit seiner Frau *Sihem Jaafari* am Stadtrand in einem gepflegten Wohnviertel. Es kommt zu einem Selbstmordanschlag in einem Restaurant von Tel Aviv und *Amin* muss die Opfer des Anschlags, größtenteils Kinder, versorgen. Nach getaner Arbeit fährt er nach Hause, wobei er auf dem Weg

---

[188] Vgl. Haninmann: Der Westen verrät seine Tradition.

aufgrund seines arabischen Aussehens den typischen Schikanen der israelischen Polizisten ausgesetzt ist. Am gleichen Abend klingelt jedoch sein Telefon und sein Freund, der Polizeichef *Naveed Ronnen* fordert *Amin* auf, noch einmal in die Klinik zu fahren. Dort erfährt die Hauptperson, dass seine eigene Frau *Sihem* das Attentat verübt haben soll. *Jaafari* will dies nicht wahrhaben und bestreitet die Vorwürfe gegen seine Frau, die seines Wissens bei ihrer Großmutter in Kafr Kanna sein müsste. Auch die von einer Sprengladung zerfetzte Leiche seiner Frau kann ihn zunächst nicht überzeugen. Aufgrund seiner arabischen Wurzeln wird *Amin* von der israelischen Polizei verdächtigt, von den Anschlagsplänen seiner Frau gewusst bzw. sie sogar unterstützt zu haben und wird mehrere Tage lang intensiv verhört. Erst durch den Einfluss seines Freundes *Naveed Ronnen* kommt er schließlich frei. Dennoch scheint das Vertrauen in seinen alten Freund nachhaltig zerstört zu sein. *Amin* kehrt allein zu seinem Haus zurück und wird beinahe von einem wütenden Mob gelyncht, der in ihm den Schuldigen für das Attentat seiner Frau sieht und gleichzeitig ein Opfer für ihre angestaute Wut sucht. Schwer verletzt wird die Hauptperson von seiner alten Studienkollegin *Kim Yehuda* gerettet, die von nun an kaum von seiner Seite weicht. *Amin* ist die Unterstützung durch *Kim* zunehmend unangenehm, er nimmt sie jedoch notgedrungen in Anspruch. Die nächsten Tage verbringt *Amin* in der Wohnung seiner alten Freundin. Nun begreift *Jaafari* langsam, dass der Anschlag wirklich von seiner Frau begangen wurde und die bohrende Frage nach dem „Warum?" wird immer stärker. Schließlich flieht er aus *Kims* Wohnung und findet in seinem Briefkasten einen Abschiedsbrief von *Sihem*. In der Folgezeit versinkt der Chirurg immer mehr in Selbstmitleid, das schließlich auch von Selbstzweifeln ersetzt wird. Erschwerend kommt hinzu, dass sich auch seine Arbeitskollegen in der Klinik von ihm distanzieren und sein hohes Ansehen als erfolgreicher Chirurg, das er sich über Jahre hart erarbeitet hat, getilgt wird. Die einzige Person, die sich um das Wohl von *Amin* kümmert und deren Hilfe er auch annimmt, ist weiterhin *Kim*. Diese organisiert auch ein Treffen mit *Naveed Ronnen*, bei dem dieser versucht, *Amin* klarzumachen, dass die Frage nach dem Motiv seiner Frau keinen Sinn hat. Für ihn leben die Attentäter in einer Parallelwelt, die mit der Wirklichkeit nichts mehr zu tun hat. Es gibt daran, nichts zu verstehen. Für *Jaafari* bleibt es unbegreiflich, wie seine stets so glücklich wirkende Frau auf die Idee kommen konnte, sich in die Luft zu sprengen. Daher beschließt er, auf eigene Faust die Hintergründe der Tat zu ermitteln. Besonders *Kim* rät ihm mehrmals davon ab, doch *Amin* setzt sich durch und reist gemeinsam mit *Kim* nach Bethlehem, da *Sihem* ihren Abschiedsbrief in dieser Stadt aufgegeben hatte. Dort, so hofft er, wird er Antworten finden. In Bethlehem angekommen, trifft er auf eine Mauer des Schweigens, die besonders seine Milchschwester umgibt. Diese weist ihn jedoch auch auf ihren Mann *Yasser* hin. Ihn besucht *Amin* und befragt ihn bezüglich des Attentats, wobei *Yasser* schließlich nachgibt und darauf hindeutet, dass *Sihem* wahrscheinlich in der Moschee den Segen eines gewissen *Scheich Marwan* empfangen hat. *Amin* versucht nun mehrfach, den Imam der Moschee zu sprechen, wird dabei jedoch schließlich zusammengeschlagen. Beharrlich geht er wieder und wieder zur Moschee und wird schließlich von einem Jungen bei seiner Milchschwester abgeholt und scheinbar in ein Lager einer Terrorzelle gebracht. Dort wird ihm gestattet, mit dem Anführer zu reden, der ihn wie einen Bruder begrüßt. *Amin* erhebt schwere Vorwürfe gegen die Terrorzelle. Seiner Meinung nach wurde seine Frau einer Gehirnwäsche unterzogen und so auf das Attentat vorbereitet. Das Treffen verläuft wenig erfolgreich, da beide Seiten nicht bereit sind, einander wirklich zuzuhören.

Die Hauptperson fährt anschließend wieder zurück nach Tel Aviv und möchte die nächsten Tage allein verbringen. Verzweifelt versucht er sich an die letzten Stunden mit seiner Frau zu erinnern und irgendein Zeichen von ihr auszumachen, das sie ihm kurz vor ihrem Attentat aussandte. Schließlich entdeckt er in einem Fotoalbum zwei Fotos, die ihn misstrauisch werden lassen. Sein Neffe *Adel* ist auf einem der beiden zu sehen. *Amin* schließt daraus, dass seine Frau nie ihre Großmutter in Kafr Kanna besucht hat, sondern sich stattdessen mit *Adel* in Nazareth traf. *Jaafari* fährt nach Kafr Kanna und wird dort in seiner Vermutung bestätigt, dass seine Frau eine Affäre mit *Adel* hatte. Er ruft *Yasser* an und erfährt von ihm, dass *Adel* höchstwahrscheinlich in Palästina, in Dschenin zu finden ist. Dort angekommen wird die Hauptperson das erste Mal konkret mit dem israelisch-palästinensischen Konflikt konfrontiert. Die Stadt befindet sich im Belagerungszustand. *Adel* ist nirgendwo zu finden und stattdessen wird *Amin* von einem Jungen in eine Falle gelockt und scheinbar von den Al-Aksa Brigaden als Geisel genommen. Er wird mehrere Tage eingesperrt, da man ihn unter anderem auch verdächtigt, für den israelischen Geheimdienst zu arbeiten. Schließlich besucht ihn der lokale Anführer und teilt ihm mit, dass er ihn gefangen hielt, um ihm den Hass und die Wut näherzubringen, die große Teile der Palästinenser in sich tragen. Schließlich wird er freigelassen und trifft *Adel*. Von diesem erfährt er, dass *Sihem* rein zufällig einige Dokumente von *Adel* und seiner Organisation gefunden hatte und sofort anfing, sie zu unterstützen. Sie bot ihnen ihr Bankkonto an und traf den Rest der Gruppe regelmäßig auf Versammlungen, die im Haus der Hauptperson stattfanden. *Sihem* sah nicht ein, warum sie als Frau nicht auch einen Beitrag zum Kampf leisten sollte und bestand darauf, sich zu opfern. Niemand konnte sie vom Gegenteil überzeugen. Zudem wird *Amin* auch von seinem Verdacht befreit,

Adel und seine Frau könnten eine Affäre gehabt haben. Nach diesem klärenden und gleichzeitig auch für *Amin* verwirrenden Gespräch besucht er seinen Großonkel *Omr*. Früher hatte *Amin* viel Zeit bei seinem Großonkel und auf seinen Orangenplantagen verbracht. Es ist eine Rückkehr in eine vertraute Welt, die jedoch von Krieg umgeben ist. Auf einem Ausflug in die nähere Umgebung trifft *Jaafari* einen alten Juden, eine Art Einsiedler, der wie ein Hoffnungsträger die Botschaft eines möglichen Friedens in sich trägt und der Hauptperson ein wenig Ruhe und Ausgeglichenheit zurückgibt. Dies ändert sich jedoch rasch. Die Hauptperson erfährt, dass *Wissam*, ein Familienmitglied, ebenfalls einen Selbstmordanschlag verübt hat. Kurz drauf rückt die israelische Armee an und zerstört den Wohnsitz seines Großonkels und seiner Enkelin *Faten*. Somit wird auch ein Stück Heimat und Geschichte *Amins* zerstört. Das erste Mal nimmt der angesehene Chirurg aus Tel Aviv wahr, welche Ausmaße der Konflikt angenommen hat. *Faten* verschwindet nach Dschenin und es scheint so, als plane sie in ihrer Verzweiflung ebenfalls ein weiteres Attentat. Sie wollte sich wie seine Frau von *Scheich Marwan* segnen lassen. *Amin Jaafari* stirbt schließlich bei dem Versuch, *Faten* zu finden. Hierbei wird die Eingangsszene des Buches wiederaufgegriffen und es wird deutlich, dass er nicht durch ein Attentat, sondern durch einen israelischen Raketenangriff getötet wird.

6.3. Die Attentäterin Sihem Jaafari – Monster oder Heilige?

Zunächst ist es wichtig zu betonen, dass es sich bei der Grundlage der folgenden Ausführungen um einen Roman, also um ein fiktives Werk handelt. Man sollte nicht vergessen, dass die

Ereignisse des Buches und die darin beschriebenen Personen nicht realer Natur sind. Yasmina Khadras Werk spielt allerdings vor dem Hintergrund eines existierenden Konflikts und viele im Buch erwähnten Details erinnern an reale Vorbilder. Insbesondere aus diesem Grund ist es besonders interessant, die Handlung und die Personen des Buches zu analysieren und Rückschlüsse auf die reale Situation zu ziehen. Der Roman bietet eine Chance, die Motive von Selbstmordattentätern zu verstehen, und gibt uns die Möglichkeit, fernab der westlichen, künstlerischen Verarbeitungen der Thematik neue Erkenntnisse zu gewinnen.

Sihem Jaafari, die Ehefrau des erfolgreichen Chirurgen *Amin Jaafari*, sprengt sich in einem Restaurant in Tel Aviv in die Luft. Dabei tötet sie nicht nur sich selbst, sondern auch zahlreiche Kinder. Sie begeht damit eine Tat, die in der westlichen Welt Unverständnis, Aggression und heftige Verurteilungen auslöst. Dies scheint vor allem auch an der christlichen Tradition des Westens zu liegen. Das Christentum kennt den erleidenden Märtyrer, der sich passiv aufopfert, um einer größeren Sache zu dienen. Ein aggressiver Märtyrer, der sein Leben selbst als Waffe benutzt, um andere mit in den Tod zu reißen, findet in den westlichen Vorstellungen keinen Platz.[189] Allzu schnell greift man zu einfachen Erklärungen, die den Attentäter als ferngesteuerten und fehlgeleiteten Fundamentalisten darstellen. Das vorherrschende Bild des Westens entspricht einem islamistischen, männlichen Fanatiker, der sich in die Luft sprengt, um möglichst schnell in das Paradies zu den so oft erwähnten Jungfrauen zu kommen. Auf *Sihem* hingegen

---

[189] Vgl. Weigel, Sigrid: Schauplätze, Figuren, Umformungen. Zur Kontinuität und Unterscheidungen von Märtyrerkulten. In: Dies.: Märtyrer-Porträts. Von Opfertod, Blutzeugen und heiligen Kriegern. München: Fink-Verl. 2007, S. 13.

scheint ein solches Bild nicht zuzutreffen, da sie eine Frau ist. Der Autor des Buches Yasmina Khadra schildert dies in einem Interview der *FAZ* aus dem Jahr 2006 wie folgt: *„Daß, wie in meinem Roman, ein intelligenter, vernünftiger, sein angenehmes Leben in vollen Zügen genießender Mensch plötzlich sich selbst in die Luft sprengt, um möglichst viele andere mit in den Tod zu reißen, sollte uns nicht nur entsetzen, sondern auch zum Nachdenken veranlassen. Stattdessen begnügt man sich mit den Pauschalvorstellungen: Fanatiker, Fundamentalist, Islamist.“*[190] Die von Khadra benutzten Begriffe wie z.B. Fanatiker oder Islamist weisen klar daraufhin, dass der Westen die Attentate vor allem auf der religiös motivierten Ebene betrachtet. Dabei wird übersehen, dass die rein spirituelle, religiöse Motivation für das Überwinden des Selbsterhaltungstriebes des Menschen und das Durchführen eines Selbstmordattentates eher eine begleitende und untergeordnete Rolle spielt. Jedes Attentat birgt in sich eine politische Motivation.[191] Somit lässt sich auch Khadras Aussage besser verstehen. Wenn man Selbstmordattentate kopfschüttelnd verurteilt, ohne sich Gedanken darüber zu machen, wie es soweit kommen konnte, werden sie auch weiterhin zentraler Bestandteil einiger Konflikte bleiben. Wer die Frage nach dem „Warum?“ stellt und gleichzeitig alleinig den Islam als Schuldigen sieht, wird die Frage gar nicht erst beantworten können.

In Khadras Roman geht die Hauptperson *Amin Jaafari* genau dieser Frage nach. Er kann nicht verstehen, wie seine Frau auf die Idee kommen konnte, eine solche Tat zu begehen. Im-

---

[190] Vgl. Haninmann: Interview mit Yasmina Khadra am 29.09.2006.

[191] Vgl. Schneiders: Heute sprenge ich mich in die Luft – Suizidanschläge im israelisch-palästinensischen Konflikt, S. 150.

mer wieder betont er: *„Sihem war aber doch so glücklich."[192].*
Er lebte mit seiner Frau zusammen in einem luxuriösen Haus
am Stadtrand von Tel Aviv. Er verdiente gut, sie konnten sich
praktisch alles leisten und waren dem israelisch-
palästinensischen Konflikt nicht ausgesetzt. Die Ausgangslage
für *Amins* Recherchen, um die Motive seiner Frau zu verstehen, ist dabei denkbar schlecht. Der erfolgreiche Chirurg verkörpert im Roman nämlich genau die von Khadra so oft kritisierte, einseitige westliche Sichtweise auf Attentate und den
Islam. Im Gespräch mit einem Anführer einer Terrorzelle wird
dies besonders deutlich. Die Hauptperson des Romans wirft
diesem vor: *„Was habt ihr ihr nur erzählt, um aus ihr ein
Monster zu machen, eine Terroristin, eine fundamentalistische
Selbstmordkandidatin [...]."[193]* Amin kann die bohrende Frage
nach dem „Warum?" gar nicht beantworten, da er aufgrund
seiner festgefahrenen Sichtweise und Einstellung nicht zuhö-
ren kann und somit nicht verstehen kann, was ihm Angehörige
der Terrorzellen vermitteln wollen. Er fungiert als ein Spiegel-
bild der westlichen Denkkultur. Auch seine engsten Freunde
vermitteln ihm ein simples und undifferenziertes Bild von
Attentätern. So bezeichnet unter anderem sein Freund *Naveed
Ronnen* die Attentäter als Traumtänzer, die in einer eigenen
Welt leben und keinen Bezug mehr zur Realität haben. Es
gebe nichts zu verstehen. Selbstmordattentäter entziehen sich
seiner Meinung nach dem gesunden Menschenverstand.[194]
Amin scheint sich bei diesen nicht weiter zu erläuternden Er-
klärungsansätzen zu bedienen, um nicht vollends zusammen-
zubrechen. Es scheint für ihn leichter, wenn auch nicht weni-

---

[192] Khadra, Yasmina: Die Attentäterin. Berlin: Kimche-Verl. 2010,
S. 101.

[193] Ebd., S. 165.

[194] Vgl. ebd., S. 100.

ger bitter zu sein, seine Frau als fehlgeleitete Person zu sehen, die einer Gehirnwäsche unterzogen wurde.

Diesem Bild der Attentäterin als Monster und Geisteskranke setzt Khadra sehr geschickt das Bild einer Heiligen und vorbildhaften *Sihem* entgegen. *Amin* trifft vor allem bei seinen Begegnungen mit den Mitgliedern seiner eigenen Familie und der Terrororganisationen auf dieses Bild.

Trifft *Amin* auf Angehörige seiner Familie, so begrüßen ihn diese größtenteils freundlich und respektvoll. Bedenkt man aber, wie sehr *Amin* von der Gesellschaft auf Grund der Tat seiner Frau verspottet und verfolgt wird, so wirkt die freundliche Aufnahme durch Mitglieder seiner Familie für ihn umso verdächtiger und merkwürdiger. Mitglieder der Terrorzellen beglückwünschen ihn für die Tat seiner Frau und nehmen ihn freundschaftlich auf: *„Er kommt auf mich zu, umarmt mich fest und klopft mir auf den Rücken, ganz nach Art der Mudschaheddin.“*[195] Dies scheint ein reales Phänomen zu sein. Oftmals werden sogar Feste gefeiert, um den Hinterbliebenen den Abschied zu erleichtern und das Opfer zu würdigen.[196] *Sihem* hatte kurz vor ihrem Tod bereits den Status einer lebenden Märtyrerin, deren Nähe allein schon eine große Ehre darstellte: *„Sihem war eine Heilige. Ein Engel. Ich wäre schon verdammt gewesen, hätte ich sie nur eine einzige Sekunde zu lange angeschaut.“*[197]. Der von *Amin* geäußerte Verdacht, sein Neffe *Adel* hätte eine Affäre mit *Sihem* gehabt, verdeutlicht hierbei umso stärker, wie wenig er über die Sitten und Gebräuche dieser Gruppierungen weiß. Durch die extreme Verehrung, die *Sihem* nach ihrem Tod widerfährt, könnte man sie eventuell auch als eine Art Gründungsopfer betrachten, das

---

[195] Khadra: Die Attentäterin, S. 164.
[196] Vgl. Weigel: Schauplätze, Figuren, Umformungen, S. 14f.
[197] Khadra: Die Attentäterin, S. 235.

erbracht wurde, um die politischen oder sozialen Verhältnisse zu verändern.[198] *Sihems* Tod wird dabei überhöht. Die eigentliche Sinnlosigkeit ihrer Tat, nämlich das Töten unschuldiger Kinder in einem Restaurant, wird durch die Heiligsprechung überdeckt. Dies kann sowohl eine Strategie sein, um die eigentliche Sinnlosigkeit der Tat zu verarbeiten, als auch um das eigentliche Verbrechen, den Mord, zu rechtfertigen.[199]

6.4. Sihem Jaafari als typische Attentäterin?

Besonders bemerkenswert bei der Behandlung von Khadras Werk ist die Tatsache, dass der Autor viele reale Bezüge herstellt und dass ihm scheinbar sehr viel Wissen über den islamistischen Terror und die Attentate zur Verfügung steht. Wenn man sich intensiver mit Forschungsliteratur zum Thema der Selbstmordattentate beschäftigt, so fällt sehr schnell auf, dass in der Romanfigur *Sihem Jaafari* einige scheinbar typische Merkmale von Attentätern bzw. Attentäterinnen zu finden sind.

In dem Roman kann man einige Anhaltspunkte finden, die darauf hinweisen, dass *Sihem* ihr Attentat unter der Schirmherrschaft der Al-Aqsa Brigaden durchführt. Diese real existierende Organisation zeichnet sich durch folgende Charakteristika aus:[200]

---

[198] Vgl. Weigel: Schauplätze, Figuren, Umformungen, S. 15.

[199] Vgl. Rißler-Pipka, Nanette: Das Frauenopfer in der Kunst und seine Dekonstruktion. Beispiele intermedialer Vernetzung von Literatur, Malerei und Film. München: Fink-Verl. 2005, S. 28.

[200] Vgl. Schneiders: Heute sprenge ich mich in die Luft, S. 104 ff.

- Lose Organisation.
- Dezentrale paramilitärische Gruppierung.
- Operiert in regionalen Gruppierungen und Zellen.
- Mehrere tausend Mitglieder, verteilt über ganz Palästina.

Dies erinnert frappierend an die Begebenheiten im Roman. *Amin* trifft lokale Anführer einer größeren Organisation, die dezentral über weite Teile des Landes verstreut zu sein scheinen. Zudem werden die Al-Aqsa Brigaden auch konkret im Buch erwähnt.[201]

Bei den allermeisten Selbstmordattentätern kommen mehrere Motive bzw. Gefühlslagen zusammen, die sie schließlich zum Handeln bewegen. Das wichtigste Motiv ist dabei eine tief sitzende Verzweiflung. Diese kann z.B. aufgrund eines übermächtigen Gegners entstehen. Das Leben erscheint in den Augen des Attentäters als nicht mehr lebenswert und die Flucht aus der Sinnlosigkeit führt ihn zum Tod als Übergang in eine bessere Welt, in das Paradies.[202] Einer Person wie *Sihem* eine solche Motivlage zuzuschreiben, erscheint für *Amin* praktisch unmöglich. Immer wieder betont er, dass sie doch stets einen so glücklichen Eindruck gemacht habe. Dabei ist seine Sichtweise recht eingeschränkt. Er setzt scheinbar materiellen Wohlstand mit Glück gleich. Es ist ihm völlig unverständlich, wie eine Frau wie *Sihem*, die alles im Leben haben konnte, dennoch zum Terrorismus übertritt. Er scheint nicht zu verstehen, dass seine Frau ihrer Empfindung nach in einem goldenen Käfig lebte. *Sihem* mag ein gutes Leben geführt haben, konnte sich praktisch alles leisten und genoss die Freiheit in jedes Land zu reisen. Doch diese Freiheiten hatten

---

[201] Vgl. Khadra: Die Attentäterin, S. 212.
[202] Vgl. Weigel: Schauplätze, Figuren, Umformungen, S. 13.

für sie einen bitteren Beigeschmack. *Sihem* konnte die Augen nicht vor dem verschließen, was um sie herum geschah. Sie hatte stets das Gefühl, dass ihr Luxusleben im Vergleich zu dem Leiden ihres Volkes ungerechtfertigt war. *Adel* bringt es in dem Gespräch mit *Amin* auf den Punkt: *„Sihem wollte diese Art von Glück nicht. Es machte ihr ein schlechtes Gewissen. Die einzige Möglichkeit sich davon zu befreien, war, unserer Sache beizutreten.“*[203] *Sihem* verschließt nicht die Augen vor dem Leid, das um sie herum passiert. Es scheint als habe *Sihem* von Anfang an schwere Selbstzweifel und psychische Probleme gehabt. Als sie durch Zufall die Unterlagen von *Adels* Organisation fand, schien eine politische Motivation des Handelns hinzuzukommen. *Sihem* scheint nicht das glückliche Wesen gewesen zu sein, das *Amin* stets in ihr sah. Es gibt nur einen dezenten Hinweis im Roman, der auf einen weiteren typischen Charakterzug von Selbstmordattentätern hinweist: *„Sihem musste diesen Hass schon immer, schon lange, […] in sich haben. Sie war auf Seiten der Unterdrückten aufgewachsen […].“*[204] Ihrer Tat ging eine Demütigung durch einen überlegenen Feind voraus, unter der sie scheinbar ihr gesamtes Leben litt. Eine solche frühe Erfahrung mit Gewalt und Unterdrückung findet man bei vielen Attentätern.[205] Eine eindeutig kausale Verknüpfung von Vorgeschichte *Sihems* und ihrer Tat wird jedoch im Roman nicht hergestellt. Es bleibt bei diffusen Andeutungen, die aber auch aufzeigen, wie wenig *Amin* sich scheinbar mit der Vergangenheit seiner Frau auseinandergesetzt hat.

Es scheint *Sihem*, wie vielen anderen Attentätern auch, leichter gefallen zu sein, sich zur Tat zu entschließen, da sie

---

[203] Vgl. Weigel: Schauplätze, Figuren, Umformungen, S. 239.
[204] Vgl. ebd., S. 240.
[205] Vgl. ebd., S. 156 f.

nichts Weltliches, nichts Sterbliches und Wichtiges zurück-
ließ. Sie hatte keine wirklich wichtige Aufgabe in ihrem Leben
zu erfüllen und auch kein Kind, für das sie sorgen musste. Sie
scheint auf der Suche nach einem Sinn für ihr Leben gewesen
zu sein und findet dies in einer Gruppierung, die ihr das Gefühl von wahrer Geborgenheit und Akzeptanz gibt. Daher
spiegeln sich in der Person der *Sihem Jaafari* auch Leitmotive
des Adoleszenzromans wieder. Und in diesem Punkt passt
Sihems Biographie sehr gut zu der vieler anderer Attentäter.[206]
Die unmittelbare Vorbereitung auf ihr Attentat ist jedoch nicht
völlig klar zu skizzieren. So scheint sie am letzten Abend vor
ihrem Attentat zwar keine rituellen Waschungen oder lange
Gebete durchzuführen, bereitet *Amin* jedoch ein Festmahl zu,
das ihr noch einmal die Vergnügungen des Lebens aufzeigt
und mit dem sie endgültig Abschied nimmt. Zumindest in
diesem Punkt stimmen ihre Handlungen mit denen vieler anderer Attentäter überein.[207] Gleichzeitig wirkt *Sihem* auch
nicht so gefasst und abgeklärt, wie man es eventuell erwarten
könnte. So gibt sie ihrem Ehemann scheinbar einen letzten
Hinweis auf ihr Vorhaben: *„Drei Tage, das ist doch nicht
lange, sagte ich. Für mich ist es eine Ewigkeit, gestand sie
mir.“*[208] Es könnte sein, dass sie sich zwar freiwillig zum Attentat meldete und bereit war zu sterben, dass sie aber die
Schnelligkeit der Vorbereitungen überraschten. Es scheint, als
wäre sie mit dem nun einsetzenden gnadenlosen Automatismus etwas überfordert. Dies erinnert stark an die Geschichte
einer jungen Attentäterin. Arin Ahmad berichtet, dass sie zwar
eine lange Zeit in der Organisation tätig war und spirituell

---

[206] Vgl. Weigel: Schauplätze, Figuren, Umformungen, S. 15.

[207] Vgl. Heusel: Eine kriminologische Betrachtung des Selbstmord-
attentats, S. 41 f.

[208] Khadra: Die Attentäterin, S. 180.

begleitet wurde. Als aber die Entscheidung für ihr Attentat gefallen war „[...] ließen sie mich nicht zu lange darüber nachdenken.“[209]. Schockiert vom überhasteten Ablauf sprengte sich *Arin* nicht in die Luft. *Sihem* dagegen scheint auch die letzten Zweifel zu überwinden und zu verdrängen. Darin findet sich ein weiterer Hinweis auf ihre starke politische Motivation.

Yasmina Khadra scheint sich für die Konstruktion seiner Attentäterin sehr viele Anregungen aus dem Fall von Wafa Idris gezogen zu haben. Wafa Idris war eine studierte und damit hochgebildete palästinensische Frau, die sich am 28.1.2002 als erste Frau im israelisch-palästinensischen Konflikt in die Luft sprengte. Sie konnte keine Kinder bekommen und wurde von ihrem Mann verstoßen. Sie sah keine Perspektive in ihrem Leben und litt unter der Besatzung ihres Heimatlandes durch Israel.[210] Eine Biographie, die fast zu hundert Prozent auf die Romanfigur *Sihem* übertragbar ist. Ähnlich wie im Fall der Wafa Idris wird auch *Sihem* zur Märtyrerin und einem leuchtenden Vorbild einer ganzen Stadt. Es scheinen zwar noch keine Bilder und Propagandaplakate mit ihrem Bild im Umlauf zu sein, wie es bei weiblichen Selbstmordattentäterinnen sehr häufig vorkommt.[211] Dennoch verbreitet sich bereits wenige Tage nach *Sihems* Attentat eine regelrechte Heiligenverehrung, die frappierend an die Rezeption des Attentats von Wafa Idris erinnert. *Sihem „[...] ist seitdem zu einer Art Ikone hier in der Stadt geworden. Manche schwören*

---

[209] Schneiders: Heute sprenge ich mich in die Luft, S. 86.

[210] Vgl. Pannewick, Friederike: Wafa Idris – eine Selbstmordattentäterin zwischen Nationalheldin und Heiliger. In: Sigrid Weigel (Hrsg.): Märtyrer-Porträts. Von Opfertod, Blutzeugen und heiligen Kriegern. München: Fink-Verl. 2007, S. 110 ff.

[211] Vgl. Pannewick: Wafa Idris – eine Selbstmordattentäterin zwischen Nationalheldin und Heiliger, S. 111f.

sogar, mit ihr geredet und ihr die Stirn geküsst zu haben."[212]
Ebenfalls interessant ist, dass die besagte Wafa Idris in Verbindung zu den Al-Aqsa Brigaden stand. Auch bei der Romanfigur *Sihem* müssen wir diese Verbindung annehmen.

Durch die Anlehnung an den Fall der Wafa Idris, die als erste Frau zur Attentäterin wurde, kann man Khadras Roman eventuell sogar als einen Emanzipationsroman verstehen. Auch wenn es einem Westeuropäer zuwider ist, eine solche Perspektive zu einem Attentat einzunehmen, ist dies ebenfalls ein reales Phänomen in der islamischen Welt. Frauen erkämpfen sich ihre Gleichberechtigung zunehmend auch dadurch, dass sie das Recht für sich in Anspruch nehmen, auf die gleiche Art und Weise wie ihre Männer im Kampf zu sterben.[213] *Sihem* sagte „[...] sie sei Palästinenserin und sehe nicht ein, warum sie anderen überlassen sollte zu tun, was ihre Aufgabe sei."[214] *Sihem* führte ein Leben im Schatten des Erfolgs ihres Mannes und schien relativ wenig Mitspracherecht bei Entscheidungen zu haben. Das Attentat könnte also durchaus auch als ein Ausbruch aus einer stark patriarchalischen Prägung und Lebensart zu verstehen sein. *„Die Tatsache, Frau zu sein, disqualifiziert die Widerstandskämpferin nicht, verschont sie nicht und schließt sie nicht aus.*"[215]

---

[212] Khadra: Die Attentäterin, S. 138.

[213] Vgl. Schweitzer, Yoram: Female suicide bombers: Dying for equality?. Tel Aviv: The Jaffee Center for Strategic Studies 2006, S. 7 ff.

[214] Khadra: Die Attentäterin, S. 232.

[215] Ebd., S. 239.

6.5. Zwischenfazit

Da in Yasmina Khadras Werk die eigentliche Attentäterin bereits nach kurzer Zeit durch ihr Attentat ums Leben kommt, muss der Erzähler zur Rekonstruktion ihres Lebens und damit auch ihrer potentiellen Motivation eher ungewöhnliche Mittel einsetzen. *Amins* Suche nach den Gründen seiner Frau wird zu einem spannenden Thriller, bei dem die konkreten Informationen sehr spärlich preisgegeben werden. Die verschiedenen Terroristen und Familienangehörigen, die er auf seiner Suche trifft, stellen dabei Informationsvermittler dar. Dabei wird der Hauptperson selbst aber auch eine nicht zu unterschätzende Funktion zugewiesen. Allein schon durch die beschränkte Sichtweise, die mit dem im Buch auftretenden Ich-Erzähler verknüpft ist, wird Spannung und Dramatik hervorgerufen. Der Leser begleitet die Hauptperson bei ihrer Suche nach Antworten und erlebt die tiefe Verzweiflung der Hauptperson dabei hautnah. Mancher Gefühlsausbruch wirkt dabei jedoch etwas aufgesetzt. Sicherlich sind die von dem Erzähler oftmals übertrieben wirkende Trauer und das völlige Unverständnis seiner Hauptperson kritikwürdig. Dennoch wird *Amin* nicht zu einer bloßen Schablone eines trauernden Ehemannes, dessen Welt durch den Tod seiner Frau zusammenbricht. Khadra scheint in der Person des erfolgreichen Chirurgen viele Eigenschaften des Westens bzw. Israels bei der Beschäftigung mit Terrorismus und Selbstmordattentaten zu vereinigen. *Amin* repräsentiert die im Westen vorherrschenden Vorurteile und Pauschalisierungen im Umgang mit Attentätern. Auch die Hauptperson kommt sehr schnell zu Verurteilungen, findet Schuldige. Dass eine solche Herangehensweise keineswegs geeignet ist, um die wahren Hintergründe zu erfahren und in Zukunft Attentate zu verhindern, liegt auf der Hand. Dabei geht es Khadra nicht, um eine Rechtfertigung der Gewalt oder des Terrorismus: „*Darum geht es nicht. Wir kommen aber nicht drum herum, uns Fragen zu stellen, wie so ein Akt möglich wurde. Daß, wie in meinem Roman, ein intelligenter, vernünftiger, sein angenehmes Leben in vollen Zügen genießender Mensch plötzlich sich selbst in die Luft sprengt, um möglichst viele andere mit in den Tod zu reißen, sollte uns nicht nur entsetzen, sondern auch zum Nachdenken veranlassen.*"[216]

Khadra führt dem Westen in der Person des *Amin Jaafari* das Unvermögen im Umgang mit Terrorismus vor Augen. Den meisten Attentaten liegt auch eine politische Motivation zugrunde. Der Westen macht es sich zu einfach, wenn er nur die Ebene der spirituellen, religiösen diskutiert und so schnell zu Begriffen wie „Fundamentalist" oder „Fanatiker" greift. Dabei will er aber nicht die Tat *Sihems* als glorreichen Akt der Selbstaufopferung inszenieren. Auch wenn sie von Angehörigen der Terrorgruppen als Märtyrerin verehrt wird, stellt ihre Tat einen sinnlosen Akt der Gewalt dar. Wahrscheinlich ist eine der Intentionen Khadras durch die Sinnlosigkeit der Tat *Sihems*, die im Töten von unschuldigen Kindern besteht, auf die völlige Totalisierung eines Konfliktes hinzuweisen, bei dem sich die Spirale der Gewalt immer weiter dreht. Dabei ist es aber keine Lösung, die Augen vor dem Konflikt zu verschließen und sich mit Hilfe von Luxus und Materialismus abzulenken. *Amin* und *Sihem* stehen sich diametral entgegen. Er verkörpert am ehesten einen erfolgsverwöhnten Materialisten, sie eine nachdenkliche Idealistin mit tiefen seelischen Narben. Erst am Ende des Romans bricht *Amins* Welt auf, als er sieht, wie seine Jugenderinnerungen vor seinen Augen von israelischen Bulldozern zerstört werden. Der Autor spart dadurch auch nicht an Kritik an den israelischen Verhaltensweisen in den besetzten Gebieten. Er zeigt auf, wie die mörde-

---

[216] Vgl. Haninmann: Der Westen verrät seine eigene Tradition.

rische Logik der Kausalität zu einem immerwährenden Fortschreiten der Gewalt führt. Die israelische Armee wendet eine völkerrechtswidrige Kollektivstrafe gegen eine ganze Familie an.

Zudem scheint der Roman noch eine weitere Ebene zu besitzen, auf der er durchaus als emanzipatorischer Roman zu betrachten ist. Die weitverbreitete Idee islamischer Frauen, sich ein Stück Anerkennung und Gleichbehandlung zu erkämpfen, indem sie sich wie ihre männlichen Kämpfer in die Luft sprengen, erscheint aus westlicher Perspektive absurd und sehr weit hergeholt. Fakt ist aber, dass es genau diese Entwicklung zu geben scheint und man sie nicht ignorieren sollte. Wie eine Palästinenserin im Interview mit einer US-amerikanischen Journalistin sagte: *„You American women talk constantly of equality. Well, you can take a lesson from us Palestinian women. We die in equal numbers to the men."*[217]

Yasmina Khadra ist es gelungen, ein Bild einer Attentäterin zu schaffen, das zwar im ersten Moment Verwunderung gar Unverständnis verursacht, doch bei näherer Beschäftigung einen faszinierenden Einblick in die Gefühlswelt eines ganzen Volkes liefert. Oftmals wurde kritisiert, dass der Roman nur wenige wirklich stichhaltige Indizien liefert, die das Attentat erklären könnten. Zudem würde der Autor in der Beschreibung von *Amins* Gefühlswelt zunehmend ins Kitschige abdriften. Dennoch sind sich die meisten Kritiker einig, dass Yasmina Khadras Roman derzeit zu den besten Romanen gehört, die sich mit den Themen Terrorismus und Selbstmordattentate beschäftigen.[218] Ein Roman kann aber von Natur aus keine

---

[217] Pannewick: Wafa Idris – eine Selbstmordattentäterin zwischen Nationalheldin und Heiliger, S. 111.

[218] Vgl. versch. Autoren: Rezensionsnotiz zu Yasmina Khadra: „Attentäterin".

endgültigen Antworten liefern. Khadra regt in seinem Roman, der einem Genre-Mix aus Thriller und Krimi, Adoleszenz- und Emanzipationsroman entspricht, zum differenzierten Nachdenken an, ohne pauschal zu verdammen. Dies ist sicherlich auch seiner arabischen Herkunft und seinem damit verbundenen Wissen zu verdanken.

7. Vergleichendes Fazit der drei Attentäter-Romane

Die Taten von Terroristen und Attentätern, die zum Äußersten entschlossen sind, rufen Unverständnis, Bestürzung und teilweise auch Ratlosigkeit gegenüber einer nicht einzuschätzenden Macht hervor. Schnell steht die Frage im Raum: Wie können Menschen zu so etwas in der Lage sein? Genau diesem Kern, nämlich warum tun dies Menschen, haben sich die drei Autoren Updike, Khadra und Peters angenommen. In ihren Romanen versuchen sie den scheinbar rein religiös motivierten, fanatischen Einzeltäter, der sich im Kampf gegen die „Ungläubigen" befindet, zu beleuchten, seine Geschichte und seine psychische Entwicklung zu verstehen und die Rahmenbedingungen durch seine Umwelt abzustecken. In diesem Kapitel werden nun die drei Attentäter-Romane miteinander verglichen und Parallelen sowie Differenzen aufgezeigt.

In den Darstellungen der drei Autoren finden sich klare Muster in der Struktur des Aufbaus. Die oft kritisierte zu schablonenhafte Ausrichtung der Figuren bei Peters kommt durch seine Orientierung am westlichen Erzähltypus der RAF-Romane zustande. Khadra kann dagegen aufgrund seiner persönlichen Erfahrung, seines Kulturkreises und der Vorlage der Wafa Idris viel realer erzählen. Er hat ein wahres „Verständnis" für die Attentäter.

Während der Leser bei Updike einen Entwicklungsprozess begleitet, liegt bei Peters ein Ist-Zustand vor, von dem aus die Handlungsstränge beschrieben werden. Im Roman Khadras hingegen wird die Entwicklung hin zum Attentat im Nachhinein skizziert. Bei Yasmina Khadra taucht der Attentäter in Form einer Frau auf. Dies mag auf den ersten Blick keine Besonderheit darstellen. Peters und Updikes Attentäter entsprechen dabei jedoch eher dem Bild des klassischen Kriegers, das in den westlichen Medien stets als gegeben gesehen und betont wird. Trotz der emanzipatorischen Entwicklung der Frauenrolle sieht der Westen den Krieger, und damit den Attentäter, primär als männlich. Somit ist es auch nicht verwunderlich, dass Peters und Updike, Autoren, die der westlichen Welt entstammen, diesen Topos aufgreifen. Lediglich Khadra kann aufgrund seines bereits erwähnten orientalisch-islamischen Hintergrunds auch eine Frau als Attentäterin darstellen. Damit trägt Khadras Roman automatisch auch Züge eines emanzipatorischen Romans. Die okzidentale Beeinflussung von Peters und Updike führt darüber hinaus dazu, dass sie die im Westen kaum vorhandene Trennung von Islamismus und Terrorismus auch in ihren Romanen bei der Darstellung ihrer Attentäter nicht aufheben können. Khadra bricht mit seinem Werk aus dem westlich verfestigten Bild des Attentäters aus, wohingegen Updike und Peters in diesem verharren. Entgegen des in der Literatur und Öffentlichkeit gefestigten Attentäterbildes eines perspektivlosen „Versagers", der Halt in einer fundamentalistischen Organisation sucht, schildert Khadra ein scheinbar weitaus realistischeres Bild eines Attentäters. Nicht alle Attentäter entsprechen dem Bild, das scheinbar im Westen vorherrscht. Viele sind gebildet, finanziell abgesichert und haben gute Zukunftschancen. Während ihrer Forschungsarbeit im Zuge ihrer Abhandlung über die kriminologische Betrachtung von Selbstmordattentätern sprach Johanna Heusel auch mit zwei Millionärssöhnen über ihre Beteiligung an Anschlägen.[219] Dies macht das Verständnis für ein solches Attentat aus westlicher Sicht noch unbegreiflicher und somit ist auch die Kritik an Khadras Roman zu verstehen, die ihm vorwirft, keine wirklich plausiblen Gründe für das Attentat *Sihems* zu lie-

---

[219] Heusel: Eine kriminologische Betrachtung des Selbstmordattentates, S. 52.

fern. Das beschränkte Verständnis des Westens für die Anschläge aus religiöser Sicht ist einer zu starken Fokussierung auf den religiösen Aspekt geschuldet. Der Westen macht es sich sehr einfach, wenn er rein die religiöse Motivation für ein Attentat betrachtet, wie Updike propagiert.

Weder Peters noch Updike schaffen es, den Attentäter in seiner kompletten Vielschichtigkeit darzustellen. Obwohl insbesondere Updike die Chance dazu hätte, mit Hilfe der Begleitung durch den Lehrer *Levy* die Facetten des Attentäters darzustellen, bedient er sich Schablonen, ähnlich wie Peters. Beide Autoren betonen vor allem die religiöse Komponente eines Attentats. Für sie ist Islamismus gleich Terrorismus. Khadra dagegen zeichnet im Endeffekt ein tiefgreifenderes Bild seiner Attentäterin, obwohl diese als Person für den Leser schon von Anfang an nicht mehr greifbar ist. Dies mag durchaus seinem Wissen über islamistische Attentäter geschuldet sein, das er während seiner Dienstzeit bei der algerischen Armee erwarb.

Die Motivation der Attentäter in den drei Romanen fällt unterschiedlich aus. Auch hier sieht man den Einfluss eines westlichen Glaubenssatzes bei Peters und Updike, sie heben vor allem die religiöse Komponente eines Attentats hervor (was der weitläufigen öffentlichen Meinung entspricht) und bedienen damit größtenteils Vorurteile. Updikes Terrorist *Ahmed*, enttäuscht von seiner Umwelt, sucht im Islam, verkörpert in der Person des Imam, festen Halt und gerät zunehmend in die Fänge einer fundamentalistischen Strömung. Ernüchtert von der gottlosen Welt versucht er, die westliche Gesellschaft aufzurütteln, wobei sein Ziel nicht politisch motiviert ist. Der zum Islam konvertierte *Jochen Abdallah Sawatzky* dagegen vereint verschiedene Attentatsmotivationen in seiner Person. Persönlich wird er von seinem islamischen Glauben getrieben, doch innerhalb seiner Terrorgruppe scheint die Motivation politischer Natur zu sein. Die Gruppe plant einen Anschlag auf eine ägyptische Pyramide, um den Tourismus im Land einzudämmen und so die Machthaber zum Rücktritt zu zwingen. Das von Khadra entworfene Attentäterbild betont dagegen vor allem eine politische Motivation für ein Attentat. *Sihem* hat stets das Gefühl, den Reichtum und das unbeschwerte Leben nicht zu verdienen, sie setzt sich mit dem Leid ihres Volkes auseinander und kommt zu der Überzeugung, dass sie nicht weiter in ihrem „goldenen Käfig" leben kann, ohne aktiv zu der Veränderung der Zustände beizutragen. Sie besteht darauf, selbst ein Attentat durchzuführen und sprengt sich in einem Restaurant in Tel Aviv in die Luft. Während *Ahmeds* Zielsetzung nicht deutlich wird, ist im Vergleich zu den Romanen von Peters und Khadra eine Spiegelung der Motivation erkennbar. Obwohl *Sihem* primär politische Ziele mit ihrem Attentat verfolgen will, sprengt sie sich in einem Restaurant, einem für den Kampf gegen Israel völlig unbedeutenden Ziel in die Luft. *Abdallah* dagegen zitiert vor seinem Attentat vor allem Koransuren und macht den Eindruck eines religiös überzeugten Attentäters, verfolgt aber mit seinem Attentatsziel zutiefst politische Motive. Er will eine der Haupteinnahmequellen Ägyptens, nämlich den Tourismus, zerstören und eine gewisse Öffentlichkeitswirkung erzielen. Ziel dabei ist die Ablösung von Mubaraks Regime. Das Attentat dient also einer politischen Dimension.

Yasmina Khadra scheint Kritik an dem Mittel des Selbstmordanschlags zur Erreichung politischer Ziele zu üben, da er diese Ziele zwar betont, aber gleichzeitig durch das Attentat seiner Romanfigur wiederum die Sinnlosigkeit dieses Kampfmittels darstellt. Dagegen versucht Christoph Peters scheinbar zu verdeutlichen, dass ein für uns zunächst religiös motiviertes Attentat im Nachhinein eine zweite Ebene beinhaltet, die erst in den Gesprächen zwischen *Cismar* und *Abdallah* ersichtlich wird. Der Attentäter, der sich zu Beginn des Buches noch mit

Koranversen auf das Attentat vorbereitet, erscheint im zweiten Teil des Buches als intelligenter Analyst der politischen Situation Ägyptens. An die literarische Tradition der RAF-Märtyrer anknüpfend erkennt sich *Cismar* in der politischen Motivation *Abdallahs* wieder und empfindet sogar Bewunderung für ihn, da er nicht, wie *Cismar*, von seinen Überzeugungen und Zielen abrückt, sondern fest davon überzeugt ist und gegen alle Widrigkeiten besteht. *Ahmed* dagegen regt sich über die vorherrschende Sexualisierung in der okzidentalen Gesellschaft auf. Er verfolgt dabei einen Optimalzustand einer sittsamen Gesellschaft, die die zwischenmenschliche Beziehung zwischen Mann und Frau im Vordergrund stehen lässt und nicht die sexuelle Ebene. Besonderen Ausdruck findet seine Einstellung in der Enttäuschung über seine sexuell-offenherzige Mutter und die in die Prostitution abgerutschte *Joryleen*. Der im Westen verherrlichte Automatismus der Sexualität zeigt sich nun wiederum bei Peters und Khadra darin, dass die beiden westlich orientierten Charaktere die Hintergründe der Attentate hinterfragen wollen, bei der Konfrontation mit dem weiblichen Geschlecht des jeweiligen Protagonisten sofort eine sexuelle Verbindung vermuten. Peters konstruiert für sich eine Kausalität der Ereignisse, die an klassische Motive, wie die von Goethes Werther erinnern. Aufgrund einer unerfüllten Liebe, so *Cismar*, driftet *Abdallah* in den Extremismus ab und für ihn spielt seine eigene Existenz keine Rolle mehr. Er ist bereit zu sterben. Khadras Protagonist *Amin* entdeckt ein Bild, auf dem seine Frau mit dem Neffen *Adel* zu sehen ist. Auch sein erster Gedanke wird davon beherrscht, dass zwischen den beiden eine Affäre und damit eine sexuelle Beziehung bestand. Besonders interessant ist dabei, dass sowohl *Adel* als auch *Abdallah*, als sie mit diesen Vermutungen konfrontiert werden, dies kategorisch verneinen und von einer anderen Form der Beziehung sprechen, die scheinbar über dem Verständnis der westlichen Fragensteller liegt. Updikes *Ahmed* versucht verzweifelt, in der westlichen Gesellschaft ein ähnliches Frauenbild zu finden und eine tiefgreifendere Beziehung aufzubauen. Er scheitert allerdings und entscheidet sich unter anderem aus diesem Grund und der daraus entstehenden Frustration für den Terror.

Bei Peters und Khadra machen beide Attentäter durch Zufall Bekanntschaft mit dem Islam bzw. der damit verbundenen Organisation. Sie wollen sich engagieren, um akzeptiert zu werden, da sie kritisch beäugt werden, doch gehen sie dabei zu weit und verlieren das Ziel aus den Augen. Dabei entwickeln sie eine Radikalität, die sie in die Attentäterrolle versetzt. Sowohl *Abdallah* als auch *Sihem* haben eine relativ unharmonische Vorgeschichte. *Jochens* Auseinandersetzung mit den Drogen und *Sihems* Dasein als unmündige Ehefrau im goldenen Käfig sind kennzeichnend für die biographische Unzufriedenheit. Beide suchen den tieferen Sinn für ihr Leben und geraten so in das Terrornetz. Im Gegensatz dazu sucht *Ahmed* gezielt den Kontakt zu *Scheich Rashid* und schließt sich aus eigenem Antrieb der islamischen Glaubensgemeinschaft an.

Die Hermeneutik des Verstehens in den Romanen von Updike und Peters sind identisch und auch die inhaltliche Abfolge des Plots ähnelt sich. Ebenfalls gleichen sich die moralischen Instanzen *Cismar* und *Levy*. Sowohl *Cismar* als auch *Levy* geben vor, moralische Instanzen zu sein und versuchen die beiden Attentäter von der Sinnlosigkeit ihres Tuns zu überzeugen. Dabei ist das Leben der beiden Vermittler ebenfalls nicht frei von sittlichen Verfehlungen und kritikwürdigen Verhaltensweisen. *Mr. Levy* beginnt eine Affäre mit der Mutter seines Schützlings, auch *Claus Cismar* stürzt sich wiederholt in Liebesabenteuer mit *Françoise*. Beide so verständnisvolle Unterstützer versuchen ihren Schützlingen ein aus ihrer Sicht sinnloses und absurdes Lebensziel auszureden, leben aber selbst einen Alltag, der geprägt ist von Langeweile, Monotonie und Ausschweifung. Die überspitzte Darstellung der beiden helfenden Charaktere steht dem Realitätsbezug der neuen Romangattung entgegen.

Die Attentäter-Romane wirken für den Leser oftmals eher als reale Tatsachenberichte bzw. Reportagen als fiktionale Werke. Durch die starke Präsenz von Anschlägen und dem Terror in den Medien und die damit einhergehende hohe Aktualität der Romane wirken diese realer als sie aufgrund ihrer Fiktionalität eigentlich sein können. Sie werden von dem realpolitischen Hintergrund geprägt und somit scheint auch die eigentlich fiktionale Handlung für den Leser realer. Dementsprechend ist besonders darauf zu achten, nicht die Fiktion und die Realität gleichzusetzen und von der Romanhandlung Begründungen für Selbstmordattentate zu entlehnen. Insbesondere die westlichen bzw. deutschsprachigen Autoren verfolgen in ihren Romanen stets gleiche Paradigmen, die sich auf der einen Seite aus der Tradition der RAF-Romane und auf der anderen Seite aus der Tradition der Literaturtradition im Allgemeinen ableiten. Es wurde schon immer auf gewisse Topoi bei der Behandlung bestimmter Themenkomplexe zurückgegriffen. Schon der „pater historiae" Herodot bediente sich in seinen Historien stets gleichen Auffassungen, die seine angeblichen Faktenberichte einfärbten. Im heutigen Verständnis würde man wahrscheinlich nicht von einem Historiker, sondern eher von einem Geschichtenerzähler sprechen. Auch für Cicero hatte die stilistische Komponente stets eine höhere Bedeutung, als die historische Wahrheit. Natürlich sollte man Böll, Hein, Peters und Updike nicht auf eine Stufe mit den antiken Literaten stellen, doch augenscheinlich ist, dass auch sie von einer Tradition und von festen Vorstellungen bei der Beschäftigung mit Terror und Gewalt geprägt sind.

Ein fiktionaler Roman kann nur sehr begrenzt Begründungen für reale Phänomene liefern und hat oft auch gar nicht die Aufgabe dies zu tun. Dies scheint aber von vielen Lesern der neuen Romane aufgrund ihres hohen Aktualitätsbezuges schnell vergessen zu werden. Dennoch liefern die von uns behandelten drei Romane viel neuen Gesprächsstoff und frische Aspekte bei der Auseinandersetzung mit dem neuen Terror seit dem 11. September. Man sollte sie durchaus als Ergänzung zu realen Vorkommnissen betrachten und die politisch-gesellschaftliche Diskussion über Terror dahingehend erweitern. Die Allgegenwärtigkeit des Themas Terrorismus zeigt sich auch darin, dass sich Anklänge und Verweise in Romanen finden lassen, deren eigentlicher Fokus nicht in Ansätzen auf der Auseinandersetzung mit diesen Themen liegt. Ein interessantes und aktuelles Beispiel dafür liefert der in den Medien kontrovers diskutierte Roman „Schoßgebete" von Charlotte Roche[220]. Allein schon am Titel lassen sich zwei wiederkehrende Komponenten ausmachen – die Sexualität und die Religiosität, die auch in unseren diskutierten Romanen auftauchen. Roche bedient sich zusätzlich noch eines Motivs, ob bewusst oder unbewusst, dass z.B. an klassische RAF-Romane wie „Die verlorene Ehre der Katharina Blum" erinnert. Die Hauptperson äußert aufgrund der Verfolgung durch die Boulevardpresse an einer Stelle: *„Wenn man jemanden, der so verletzt und verwirrt ist, so öffentliche demütigt und vergewaltigt, dann züchtet man sich seinen eigenen Terroristen ran."*[221]

Es wird auch in Zukunft spannend sein, zu beobachten, wie die Literatur sich mit den von uns dargestellten Problematiken und Phänomenen des Terrorismus auseinandersetzt. Ob zu-

---

[220] Roche, Charlotte: Schoßgebete. München: Piper-Verl. 2011.
[221] Ebd., S.163.

künftige Romane es schaffen werden, sich aus den festgefahrenen Traditionen und Bildern zu lösen, bleibt abzuwarten.

8. Die Attentäter-Romane seit 2001 – ein neues Genre?

Der Politikwissenschafter Herfried Münkler bettet die kriegerischen Auseinandersetzungen seit dem 11.09.2001 in eine neue Form der Kriege ein. Asymmetrische Konflikte bestehen bereits seit langer Zeit in der Geschichte der Menschheit. Die „neuen Kriege" sind aber vor allem dadurch gekennzeichnet, dass sie die klassischen zwischenstaatlichen Kriege immer mehr verdrängen. Solche Kriege, wie es der Krieg zwischen Iran und Irak war, hatten vor allem einen konservativen Effekt: Es wurden Grenzen bestätigt oder neu gezogen. Es kam jedoch nicht zu einer kompletten Umwälzung, die vor allem mit den asymmetrischen Kriegen in den letzten Jahrzehnten auftraten.[222] Der Terrorismus spielt im Zuge dieser „neuen Kriege" eine nicht zu unterschätzende Rolle. Aus den „Rändern der Wohlstandszone" der westlichen Welt werden gezielt Angriffe geplant und durchgeführt, die darauf abzielen, die angreifende Feindnation zu demoralisieren. Münkler schreibt hierzu:

„Was sie aber eigentlich angreifen, ist die labile psychische Infrastruktur vor allem der westlichen Welt, über die sie den politischen Willen des angegriffenen Landes ermatten und erschöpfen wollen. Dabei setzen sie vor allem auf die psychischen Effekte der Gewalt, also den Schrecken, der umso inten-

---

[222] Vgl. Münkler, Herfried: Die neuen Kriege. In: Landeszentrale für politische Bildung Baden-Württemberg: Der Bürger im Staat. Heft 54 (4/2004). Stuttgart Landeszentrale für politische Bildung Baden-Württemberg 2004, S. 183.

*siver verbreitet wird, je größer die mediale Dichte des ange-
griffenen Landes ist.*[223]

Bedenkt man, wie stark die mediale Präsenz dieser neuen
asymmetrischen Kriege in den letzten Jahren war, so stellt sich
die Frage, inwiefern diese Präsenz wiederum Einfluss auf
Kunst und Literatur in den letzten Jahren nahm. Das Kapitel
über den *RAF*-Terror hat aufgezeigt, dass derartige Geschehnisse sehr wohl einen großen Einfluss auf Kunst und Literatur
haben können. Ein Ereignis wie der 11.09.2001 und die folgenden militärischen Konflikte müssen Autoren der heutigen
Zeit beeinflusst haben. Und selbstverständlich lassen sich viele
verschiedene Werke der letzten Jahre aufzählen, die sich mit
diesen neuen Konflikten in der Welt und einer scheinbar neuen
Form von Terrorismus auseinandersetzen. Die Frage ist jedoch, ob es gerechtfertigt ist, somit auch von einem sich neu
ausbildenden Genre der (deutschen) Literatur seit 2001 zu
sprechen: dem *Attentäter-Roman*. Bisher scheint die wissen-
schaftliche Diskussion zu dieser Frage, wenn überhaupt, erst
langsam anzulaufen, da man sich unsicher ist, wie man mit
diesem potentiell neuen Genre zu verfahren hat.

Eine Problematik, die sich in der Beschäftigung mit dem
Thema Terrorismus zeigt, ist die eindeutige Positionierung.
Spricht man über den Terror in der Welt, bezieht man meist
klar eine Stellung. Man unterscheidet nur zwischen Freund
und Feind, dazwischen scheint es keine Abstufungen zu geben.

*„Literatur hingegen lebt vom Widerspruch gegen derartig
eindeutige Meinungen, von der Darstellung unterschiedlicher
und unentschiedener Perspektiven und dem Durchbrechen
althergebrachter Denk- und Sichtweisen. So gilt es in literari-*

---

[223] Münkler: Die neuen Kriege, S. 184.

schem Text das politische Schubladendenken von Staat und Terroristen zu durchbrechen und kommunikative Räume zu eröffnen, mit deren Hilfe neue Perspektiven auf diesen Teil (...) der Geschichte entstehen können."[224]

Dieser Aufgabe stellen sich die von uns behandelten Autoren Peters, Updike und Khadra.

Um die Frage nach einem neuen Romangenre zu beantworten, sollte zunächst bedacht werden, dass die reine Quantität an Romanen, die sich mit dem Terrorismus aus dem islamischen Kulturkreis beschäftigt, in den letzten Jahren sprunghaft angestiegen ist. Die von uns behandelten und analysierten Romane sind dabei nur ein kleiner, wenn auch eindrucksvoller, Auszug aus einer ganzen Reihe von Werken. Neben den vorgestellten Texten können auch Sherko Fatahs „Das dunkle Schiff"[225] und Assaf Gavrons „Ein schönes Attentat"[226] genannt werden, die eine ähnliche Tendenz aufweisen. Bei näherer Betrachtung der gewählten drei Romane kommt man dessen ungeachtet zu den folgenden Beobachtungen, die hier verkürzt dargestellt werden sollen:

– Der deutsche Roman (Christoph Peters: *Ein Zimmer im Haus des Krieges*) scheint dabei zu stark an den Motiven und Topoi des klassischen *RAF*-Romans festzuhal-

---

[224] Mulder, Marijke: Wo leben wir eigentlich? Reaktionen auf den Terrorismus der RAF im Spiegel der Literatur. Masterarbeit an der Universität Groningen, S 7. URL: http://scripties.let.eldoc.ub.rug.nl/FILES/root/Master/Doorstroom Masters/DuitseTaalenCultuur/2008/Mulder.M./MicrosoftWord-MA-1232401-M.Mulder.pdf (Zugriff: 13.12.2011).

[225] Fatah, Sherko: Das dunkle Schiff. Salzburg u.a.: Jung und Jung-Verl. 2008.

[226] Gavron, Assaf: Ein schönes Attentat. München: Btb-Verl. 2010.

ten. Er wirkt dadurch recht konstruiert, die Figuren zu schablonen- und klischeehaft.

– Der westliche, amerikanische Roman (John Updike: *The Terrorist*) ist stark durchtränkt von Vorurteilen und einer zu starken Fixierung auf das religiöse Motiv hinter Attentaten. Auch hier wirken die Figuren schablonen- und klischeehaft.

– Der Roman aus dem islamischen Kulturkreis (Yasmina Khadra: *Die Attentäterin*) liefert neue Sichtweisen und zeichnet ein nachvollziehbareres, wenn auch schwer zu verstehendes Bild eines Attentats.

Kann man aufgrund dieser Beobachtungen und der im Gesamtfazit genannten Aspekte von einem neuen Genre sprechen? Die Antwort bleibt schwierig. Es lässt sich festhalten, dass sich die Beschäftigung mit dem Terror auf die internationale Darstellung des Terrorismus verschoben hat. Selbst Autoren aus Deutschland beschreiben kaum noch die Schreckensereignisse in ihrer Heimat, was natürlich auch an der zeitlichen Distanz liegt. Weltweit scheint ein gesteigertes Interesse an der Materie „Terror" vorzuherrschen, dem auch die Literatur Rechnung trägt und tragen muss.

Insbesondere der deutsche Roman scheint im Umgang mit den „neuen Kriegen" und dem „neuen Terror" noch zu stark an Formen festzuhalten, die in der deutschen Literatur bereits in den 70er Jahren des letzten Jahrhunderts gestaltet wurden. Eine Modifikation lässt sich primär auf der Ebene der Thematik, nicht jedoch auf der Ebene der erzählerischen Muster feststellen. Auch Updike kann sich nicht von den typischen „Vorurteilen" lösen. Die Fokussierung auf den religiösen Aspekt scheint kennzeichnend für das amerikanische Verständnis und eine direkte Auseinandersetzung gelingt nur bedingt. Erzählerisch bleibt er in den bekannten Mustern verhaftet. Fruchtbarer zur Beantwortung dieser Frage erscheint zunächst die Behandlung eines Romans aus dem Kulturkreis, aus dem auch zum Großteil die Attentäter der heutigen Zeit entstammen. Allerdings gleicht auch Khadras Roman in großen Teilen eher einem Entwicklungs- und Emanzipationsroman, als einem konkreten und neuen Roman-Genre, das den Ereignissen der letzten 10 Jahre sicherlich angemessen wäre.

Von einem „völlig neuen" Roman-Genre kann daher nach Meinung der Verfasser (noch) nicht gesprochen werden, auch wenn man den Mut und die Absicht der Autoren, sich grundsätzlich mit den neuen Entwicklungen zu beschäftigen und sie zu verarbeiten, nicht hoch genug schätzen kann. Was sollte also das zu Anfang beschriebene Genre „Attentäter-Romane" auszeichnen? Sicherlich reicht es nicht, dass ein Werk sich mit den aktuellen terroristischen Ereignissen seit 2001 beschäftigt und dann automatisch ein neues Genre verkörpert. Dass Romane stets auch die jeweils aktuellen politischen und gesellschaftlichen Ereignisse kommentieren und verarbeiten, ist nichts Neues. Viel wichtiger erscheint es bei der Behandlung der „neuen Kriege" und des „neuen Terrorismus" zu sein, sich aus den oftmals kursierenden Vorurteilen und festen Vorstellungen zu befreien. Ein Denken in Schwarz und Weiß, in Gut und Böse ist nicht angebracht, es beschränkt eher die Vorstellung. Erzähltechnisch sollte ein solches Genre vor allem durch eine Kombination von Außen- und Innensicht des Attentäters gekennzeichnet sein, ohne dabei auf zu stereotype Vorstellungen zurückzugreifen. „Die Attentäterin" von Khadra hätte enormes Potential, doch der Autor lässt den Leser erst nach dem erfolgten Attentat durch eine mehr oder weniger unbeteiligte Person, den Ehemann, die Gründe erfahren. Dies gelingt natürlich nur suboptimal. In Peters Roman überwiegt gerade zu Beginn die Innensicht mit inneren Monologen des Attentäters *Jochen Sawatzky*. Diese bestehen jedoch vor allem aus Koranversen. Seine selektiven Informationen bieten ihm nicht die Möglichkeiten, die ein Autor hat, der dem islamischen Kulturkreis entstammt oder Ähnliches selbst erfahren hat. Dies scheint bei vielen westlichen Romanen, die sich mit der Thematik des Terrorismus seit 2001 beschäftigen, der Fall zu sein. Dabei ist das Anhäufen von fundierten Hintergrundinformationen für Autoren stets von großer Bedeutung gewesen. Romane wie „Das Parfum" von Patrick Süskind wurden vor allem zu internationalen Erfolgen, weil der Autor sich intensiv mit den grundlegenden Informationen, die die gesamte Handlung bestimmen, beschäftigt hat. In diesem Fall mit der Herstellung und der Zusammensetzung eines Parfums. Erst dadurch gewann der eigentlich fiktionale Roman enorm an Glaubwürdigkeit und erzählerischer Dichte. Bei der prosaischen Auseinandersetzung mit den Phänomenen seit 2001 vermisst man dieses Vorgehen jedoch häufig. Ein aktueller und neuer *Attentäter-Roman* sollte möglichst drei Merkmale in sich vereinen, um nicht nur als eine Art neues Genre zu gelten, sondern auch eine gute literarische Begleitung der aktuellen Ereignisse darzustellen:

1. Fundierte Beschäftigung mit Hintergrundinformationen und das Vorhandensein eines unverzichtbaren Basiswissens des Autors.

2. Ein möglichst wertneutraler Erzählstil, der damit auch auf stereotype Vorstellungen verzichtet.

3. Die mutige Verwendung eines für Romane so wichtigen Elementes wie der Innensicht.

Für ein solch neues Genre scheint es folglich nicht besonders wichtig zu sein, in welcher Erzählform der Roman geschrieben wird und ob ein auktorialer oder personaler Erzähler besteht. Auch das Verhältnis zwischen erzählter Zeit und Erzählzeit ist sekundär. An solchen formalen Kriterien lässt sich ein Roman-Genre nur sehr begrenzt festmachen und die individuelle Gestaltung ist stets den jeweiligen Autoren überlassen. In ein formales Korsett lässt sich kein Roman pressen. Die Umsetzung dieser noch recht groben Vorstellungen ist natürlich vom jeweiligen Stil des Autors abhängig.

Besonders erwähnenswert ist, wie hoch der Grad an Aktualität und Brisanz unserer vorgestellten Romane ist. Trotz der für die Prosa typischen Fiktionalität regen sie nicht nur zu Diskussionen über die aktuellen politischen Ereignisse im Umgang mit dem neuen Terrorismus an, sondern können auch unseren Horizont diesbezüglich erweitern. In der künstlerischen Auseinandersetzung mit dem Thema Terrorismus *„nimmt der Aspekt der Erkenntniserweiterung durch Literatur eine zentrale Funktion ein"* [227]. Daher können *Attentäter-Romane* als real-fiktionale Romane charakterisiert werden.

---

[227] Mulder: Wo leben wir eigentlich?, S.19.

Literatur und Quellen

Primärliteratur

Böll, Heinrich: Die verlorene Ehre der Katharina Blum oder wie Gewalt entstehen und wohin sie führen kann. Köln: Kiepenheuer & Witsch-Verl.1974.

Fatah, Sherko: Das dunkle Schiff. München: btb-Verl. 2010.

Gavron, Assaf: Ein schönes Attentat. München: btb-Verl. 2010.

Hein, Christoph: In seiner frühen Kindheit ein Garten. Frankfurt am Main: Suhrkamp-Verl. 2005.

Khadra, Yasmina: Die Attentäterin. Berlin: Kimche-Verl. 2010.

Peters, Christoph: Ein Zimmer im Haus des Krieges. München: btb-Verl. 2008.

Roche, Charlotte: Schoßgebete. München: Piper-Verl. 2011.

Updike, John: Terrorist. Hamburg: Rowohlt-Verl. 2008.

Sekundärliteratur

Altmeyer, Martin: Nach dem Attentat, vor dem Kreuzzug. In: Thomas Auchter u.a. (Hrsg.): Der 11. September. Psychoanalytische, psychosoziale und psychohistorische Analysen von Terror und Trauma. Gießen: Psychosozial-Verl. 2003.

Bald, Detlev: Die Weisse Rose. Von der Front in den Widerstand. Berlin: Aufbau-Verl. 2004.

Daase, Christopher: Die RAF und der internationale Terrorismus. Zur transnationalen Kooperation klandestiner Organisationen. In: Wolfgang Kraushaar: Die RAF und der linke Terrorismus. Bd. 2. Hamburg: Hamburger Editions-Verl. 2006, S. 905 – 929.

Demandt, Alexander: Das Attentat als Ereignis. In: Ders.: Das Attentat in der Geschichte. Köln u.a.: Area-Verl. 1996, S. 449 – 462.

Hellfeld, Matthias von: Edelweißpiraten in Köln. Jugendrebellion gegen das 3. Reich. Das Beispiel Köln-Ehrenfeld. Köln: Pahl-Rugenstein-Verl. 1981.

Heusel, Johanna: Eine kriminologische Betrachtung des Selbstmordattentates. Berlin: Duncker & Humblot-Verl. 2009.

Hierlmeier, Josef: Internationalismus. Eine Einführung in seine Ideengeschichte – von den Anfängen bis zur Gegenwart. 2. Auflage. Stuttgart: Schmetterling-Verl. 2006.

Huntington, Samuel P.: Clash of Civilization. New York: Simon & Schuster-Verl. 2002.

Kaulen, Prof. Dr. Heinrich: „Heilige Krieger". Fundamentalistische Gewalt im Spiegel der Gegenwartsliteratur. Seminar im WS 2010/11.

Keil-Sagawe, Regina: Yasmina Khadra. d.i. Mohammed Moulessehoul. In: Kindlers Literatur Lexikon. 3., völlig neu bearbeitete Auflage. Hg. von Hein Ludwig Arnold. Zitiert nach KLL Online – Aktualisierungsdatenbank (www.kll-online.de). Stuttgart: J.B. Metzler-Verl. 2011.

Kraushaar, Wolfgang: Die RAF und der linke Terrorismus. 2. Bd.. Hamburg: Hamburger Edition-Verl. 2006.

Lemler, Kai: Die Entwicklung der RAF im Kontext des internationalen Terrorismus. Bonn: Bouvier-Verl. 2008.

Metz, Karl Heinz: Geschichte der Gewalt. Krieg, Revolution, Terror. Darmstadt: Primus-Verl. 2010.

Münkler, Herfried: Die neuen Kriege. In: Landeszentrale für politische Bildung Baden-Württemberg: Der Bürger im Staat. Heft 54 (4/2004). Stuttgart: Landeszentrale für politische Bildung Baden-Württemberg 2004, S. 179 – 184.

Pannewick, Friederike: Wafa Idris – eine Selbstmordattentäterin zwischen Nationalheldin und Heiliger. In: Sigrid Weigel (Hrsg.): Märtyrer-Porträts. Von Opfertod, Blutzeugen und heiligen Kriegern. München: Fink-Verl. 2007, S. 110 – 116.

Peters, Butz: RAF. Terrorismus in Deutschland. Stuttgart: Droemer Knaur-Verl. 1991.

Peters, Rudolph: Islam and Colonialism. The doctrine of Jihad in Modern History. The Hague u.a.: Mouton Publishers 1979.

Pfitsch, Andreas: Kommando Holger Meins – zur Serienstruktur der RAF-Aktionen. In: Sigrid Weigel (Hrsg.): Märtyrer-Porträts. Von Opfertod, Blutzeugen und heiligen Kriegern. München: Fink-Verl. 2007, S. 107 – 110.

Richter, Jörg: John Updike. Das erzählerische Werk. In: KLL. Hg. von Heinz Ludwig Arnold. Bnd. 16. 3. Auflage. Stuttgart: Metzler-Verl. 2009.

Rißler-Pipka, Nanette: Das Frauenopfer in der Kunst und seine Dekonstruktion. Beispiele intermedialer Vernetzung von Literatur, Malerei und Film. München: Fink-Verl. 2005.

Schneckener, Ulrich: Transnationaler Terrorismus. In: Ulrike Kronfeld-Goharani (Hg.): Friedensbedrohung Terrorismus. Ursachen, Folgen und Gegenstrategien. Münster: Lit-Verl. 2006, S. 37 – 70.

Schneiders, Thorsten Gerald: Heute sprenge ich mich in die Luft – Suizidanschläge im israelisch-palästinensischen Konflikt. Ein wissenschaftlicher Beitrag zur Frage des Warum. Berlin: Lit-Verl. 2006.

Scholl, Inge: Die weiße Rose. Frankfurt am Main: S.Fischer-Verl.1953.

Schweitzer, Yoram: Female suicide bombers: Dying for equality?. Tel Aviv: The Jaffee Center for Strategic Studies 2006.

Stöver, Bernd: Der Kalte Krieg. Geschichte eines radikalen Zeitalters. München: Beck-Verl. 2007.

Tremel, Luise: Li-terror-isierung. Die RAF in der deutschen Belletristik zwischen 1970 und 2004. In: Wolfgang Kraushaar: Die RAF und der linke Terrorismus. Bd. 2. Hamburg: Hamburger Editions-Verl. 2006, S. 1117-1154.

Weigel, Sigrid: Schauplätze, Figuren, Umformungen. Zur Kontinuität und Unterscheidung von Märtyrerkulturen. In: Dies.: Märtyrer-Porträts. Von Opfertod, Blutzeugen und heiligen Kriegern. München: Fink-Verl. 2007, S. 11 – 40.

Wentker, Sibylle : Fundamentalismus und Islamismus - Definition und Abgrenzung. In: Walter Feichtinger u.a. (Hrsg.): Islam, Islamismus und islamischer Extremismus. Wien: Herder-Verl. 2008, S. 33 – 44.

Internetressourcen

Bahners, Patrick: Rezensionsnotiz zu Updike: Terrorist. In: Frankfurter Allgemeine Zeitung, 16.09.2006. URL: http://www.perlentaucher.de/ buch/24961.html (Zugriff: 02.02.2011).

Bildungsserver Hessen: Abiturprüfung-Landesabitur. Deutsch. URL: http://lernarchiv.bildung.hessen.de/ sek/deutsch/abitur/index.html (Zugriff: 13.12.2011).

Bundesregierung / Regierung Online: Pressestatement von Bundeskanzlerin Angela Merkel zur Tötung von Osama bin Laden. Mitschrift Pressekonferenz vom 02.05.2011. URL: http://www.bundesregierung.de/Content/DE/Mitschrift/Pressekonferenzen/2011/05/2011-05-02-merkel-osama-bin-laden.html (Zugriff: 13.12.2011).

Böll, Heinrich: Zehn Jahre später. Nachwort zur Neuausgabe: »Die verlorene Ehre der Katharina Blum«. URL: http://www.heinrich-boell.de/HeinrichBoellText DesMonats.htm (Zugriff: 13.12.2011)

Bucheli, Roman: Die bleiernen Jahre als Rührstück. Christoph Hein schreibt einen RAF-Roman. In: Neue Züricher Zeitung vom 1.2.2005. URL: http://www.lyrikwelt.de/ rezensionen/inseinerfruehenkindheit-r.htm (Zugriff: 13.12.2011).

Encke, Julia: Neues Roman-Genre. Im Kopf eines Verführten: „Terrorist". In: Frankfurter Allgemeine Zeitung vom 27.08.2006. URL: http://www.faz.net/-00myg0 (Zugriff: 13.12.2011).

Filser, Karl: Dissens, Resistenz, politischer Protest... zum Widerstandsbegriff in der deutschen Historiographie der Nachkriegszeit. Kreisau 1999. URL: http://opus.bibliothek.uni-augsburg.de/volltexte/2008/1254/ pdf/Filser_ Dissens_ Resistenz.pdf (Zugriff: 26.12.2011).

Hage, Volker: Zum Tode John Updikes. Kleine Bürger, großer Stil. SpiegelOnline-Artikel vom 28.01.2009. URL: http://www.spiegel.de/kultur/literatur/0,1518,druck-603983,00.html (Zugriff: 13.12.2011).

Haninmann, Joseph: Der Westen verrät seine eigene Tradition. Interview mit Yasmina Khadra. In: Frankfurter Allgemeine Zeitung vom 29.06.2006. URL: http://www.faz.net/-00mr0d (Zugriff: 13.12.2011).

Hirschmann, Kai: Internationaler Terrorismus. Artikel vom 21.08.2006. URL: http://www.bpb.de/ publikationen/HMYBJN,0,Internationaler_Terrorismus.html (Zugriff: 4.1.2012).

Kessler, Florian: Rezensionsnotiz zu Peters: Ein Zimmer im Haus des Krieges. In: Frankfurter Rundschau vom 6.12.2006. URL: http://www.perlentaucher.de/ buch/25049.html (Zugriff: 13.12.2011).

Köster, Thomas: Rezensionsnotiz zu Updikes: Terrorist. URL: http://www.amazon.de/Terrorist-John-Updike/dp/ 3498068857 (Zugriff: 13.12.2011).

Lüdke, Martin: Ein Held aus dem Hause Hein. Zwischen Rechtsprechung und Rechtsgefühl: Christoph Heins neues Buch "In seiner frühen Kindheit ein Garten" ist nicht nur ein RAF-Roman. In: Frankfurter Rundschau vom 29.1.2005. URL: http://www.lyrikwelt.de/rezensionen/in-seinerfruehenkindheit-r.htm (Zugriff: 13.12.11).

Magenau, Jörg: Rezensionsnotiz zu Updike: Terrorist. In: Die Tageszeitung vom 28.08.2006. URL: http://www.perlentaucher.d/buch/24961.html (Zugriff: 13.12.2011).

Meller, Marius: Ich bin blind. Beschreiben Sie mir Rot!. In: Der Tagesspiegel, vom 4.10.2006. URL: http://www.tagesspiegel.de/kultur/ich-bin-blind-beschreiben-sie-mir-rot/759006.html (Zugriff: 13.12.2011).

Mulder, Marijke: Wo leben wir eigentlich? Reaktionen auf den Terrorismus der RAF im Spiegel der Literatur. Masterarbeit an der Universität Groningen. URL: http://scripties.let.eldoc.ub.rug.nl/FILES/root/Master/Doorstroom Masters/ DuitseTaalenCultuur/2008/Mulder.M. /MicrosoftWord-MA-1232401-M.Mulder.pdf (Zugriff: 13.12.2011).

Naumann, Michael: Rezensionsnotiz zu Updikes: Terrorist. In: Die Zeit vom 21.09.2006. URL: http://www.perlentaucher.de/buch/24961.html (Zugriff: 13.12.2011).

Peters, Christoph: Kairoer Aufklärung, In: Die Zeit vom 22.3.2010. URL: http://www.zeit.de/2010/10/Kairo (Zugriff: 13.12.2011).

Schwabe, Alexander: Widerstandskreis Weiße Rose. „Hören wir endlich auf, das Bild der Halbgötter zu zeichnen." Interview mit Sönke Zankel im Auftrag von spiegel.de. Url: http://www.spiegel.de/panorama/zeitgeschichte/ 0,1518,436915,00.html (Zugriff: 13.12.11).

Sezgin, Hilal: Rezensionsnotiz zu Peters: Ein Zimmer im Haus des Krieges. In: Die Zeit vom 9.11.2006. URL:

http://www.perlentaucher.de/buch/24961.html   (Zugriff: 13.12.2011).

Scheller, Wolf: Ein alter Lehrer kämpft gegen Justiz und Staat. Der Fall des Terroristen Wolfgang Grams im Roman: „In seiner frühen Kindheit ein Garten" von Christoph Hein. In: Nürnberger Nachrichten vom 1.2.2005. URL: http://www.lyrikwelt.de/rezensionen/inseinerfruehenkindheit-r.htm (Zugriff: 19.11.2011).

Stern.de. Titelansicht vom 5.9.2007. URL: http://d2.stern.de/bilder/magazin/2007/38/Heft_38_2007_fitwidth_150.jpg (Zugriff: 13.12.2011).

Spiegel, Hubert: Du danke Gott, wenn er dich preßt. In: Frankfurter Allgemeine Zeitung vom 4.10.2006. URL: http://www.faz.net/-00r710 (Zugriff: 13.12.2011).

Tagesspiegel.de: Medienkritik im Internet. Vorschnell islamistisch. Artikel vom 24.07.2011. URL: http://www.tagesspiegel.de/politik/medienkritik-im-internet-vorschnell-islamistisch/4425042.html (Zugriff: 14.06.2012).

Versch. Autoren: Rezensionsnotiz zu Yasmina Khadra: Attentäterin. URL: http://www.perlentaucher.de/buch/24831.html (Zugriff: 13.12.2011).

Welt Online: Norwegen ist Zielscheine für Islamisten. Artikel vom 22.07.2011. URL: http://www.welt.de/politik/ausland/article13502881/Norwegen-ist-Zielscheibe-fuer-Islamisten.html (Zugriff: 14.06.2012).

www.tredition.de

Über tredition

Der tredition Verlag wurde 2006 in Hamburg gegründet. Seitdem hat tredition Hunderte von Büchern veröffentlicht. Autoren können in wenigen leichten Schritten print-Books, e-Books und audio-Books publizieren. Der Verlag hat das Ziel, die beste und fairste Veröffentlichungsmöglichkeit für Autoren zu bieten.

tredition wurde mit der Erkenntnis gegründet, dass nur etwa jedes 200. bei Verlagen eingereichte Manuskript veröffentlicht wird. Dabei hat jedes Buch seinen Markt, also seine Leser. tredition sorgt dafür, dass für jedes Buch die Leserschaft auch erreicht wird

Autoren können das einzigartige Literatur-Netzwerk von tredition nutzen. Hier bieten zahlreiche Literatur-Partner (das sind Lektoren, Übersetzer, Hörbuchsprecher und Illustratoren) ihre Dienstleistung an, um Manuskripte zu verbessern oder die Vielfalt zu erhöhen. Autoren vereinbaren unabhängig von tredition mit Literatur-Partnern die Konditionen ihrer Zusammenarbeit und können gemeinsam am Erfolg des Buches partizipieren.

Das gesamte Verlagsprogramm von tredition ist bei allen stationären Buchhandlungen und Online-Buchhändlern wie z. B. Amazon erhältlich. e-Books stehen bei den führenden Online-Portalen (z. B. iBook-Store von Apple) zum Verkauf.

Seit 2009 bietet tredition sein Verlagskonzept auch als sogenanntes "White-Label" an. Das bedeutet, dass andere Personen oder Institutionen risikofrei und unkompliziert selbst zum Herausgeber von Büchern und Buchreihen unter eigener Marke werden können.

Mittlerweile zählen zahlreiche renommierte Unternehmen, Zeitschriften-, Zeitungs- und Buchverlage, Universitäten, Forschungseinrichtungen, Unternehmensberatungen zu den Kunden von tredition. Unter www.tredition-corporate.de bietet tredition vielfältige weitere Verlagsleistungen speziell für Geschäftskunden an.

tredition wurde mit mehreren Innovationspreisen ausgezeichnet, u. a. Webfuture Award und Innovationspreis der Buch-Digitale.

tredition ist Mitglied im Börsenverein des Deutschen Buchhandels.

Zeitfracht Medien GmbH
Ferdinand-Jühlke-Straße 7
99095 Erfurt, Deutschland
produktsicherheit@kolibri360.de